重建九龍

半島地標的消失與誕生

鄭寶鴻 著

商務印書館

責任編輯：林雪伶
裝幀設計：涂　慧
排　　版：肖　霞
印　　務：龍寶祺

重建九龍——半島地標的消失與誕生

作　　者：鄭寶鴻
出　　版：商務印書館（香港）有限公司
香港筲箕灣耀興道 3 號東滙廣場 8 樓
http://www.commercialpress.com.hk
發　　行：香港聯合書刊物流有限公司
香港新界荃灣德士古道 220–248 號荃灣工業中心 16 樓
印　　刷：嘉昱有限公司
香港九龍新蒲崗大有街 26-28 號天虹大廈 7 字樓
版　　次：2024 年 7 月第 1 版第 1 次印刷

ISBN 978 962 07 6745 6
Printed in Hong Kong

城 市 的 故 事

九龍半島在百多年間急速發展，地標被清拆再重建，城市風貌經歷巨變。

目錄

Chapter 3 交通基建

Chapter 4 民生居住

前言

九龍半島接連維多利亞港，與香港島遙遙對望。1860 年 10 月，依據《北京條約》，把九龍半島——現界限街以南的地段割讓予英國，範圍包括整個油尖旺以及大角咀、馬頭圍、馬頭涌、土瓜灣、何文田及紅磡等地，於 1861 年被接管。

1860 年代，港府修築九龍半島的第一條主要道路羅便臣道（1909 年易名為彌敦道）。尖沙咀最早的重建計劃，是在 1880 年代初，將設於麥當奴道（1909 年易名為廣東道）的煤倉和竹碼頭，建設成一座設有多座碼頭，可泊大洋船的九龍貨倉（九龍倉），於 1886 年落成。而這列貨倉建築群，又於 1960 至 70 年代，重建為海運大廈、星光行及海港城內的多幢新型大廈及商場。

1957 年，曾有一「遊客區發展大綱」包括搬遷九廣鐵路總站，以及興建藝術館及博物館等的地區重建，但要近半個世紀才全部實現。

1956 年，港府放寬樓宇的高度限制，最高可築至二十六層。俟後，位於遊客區中心點，彌敦道一帶的三、四層高古舊樓宇，陸續改建為新型大廈及酒店，設有酒樓餐廳和商舖。而最大的變化，則為將警衛森嚴的威菲路兵房，於 1970 年起，改闢作供市民享用的九龍公園。

另一端的漆咸營及接連的火車路段及填海地帶，亦發展為新旅遊購物點的商業中心和酒店，附近一座太古碼頭和貨倉，亦於 1970 年代後期，改建為新世界中心及麗晶酒店。

油麻地和旺角區

油麻地和旺角區引人注目的地標，為避風塘的堤壩。因衛生條件所限，區內的樓宇是無水廁的。要到 1956 年，一條將穢物排出大海的渠管建成後，隨即湧現大量高樓大廈。

堤壩的起點處，有一座客車渡輪的佐敦道碼頭，所在現為高鐵總站一帶。其旁有九龍倉的棉花貨倉，於 1965 年起，改建為「八文大廈」屋苑。

華人聚居的天后廟及榕樹頭廣場四周的樓宇及多間戲院，於六、七十年代，陸續改建，

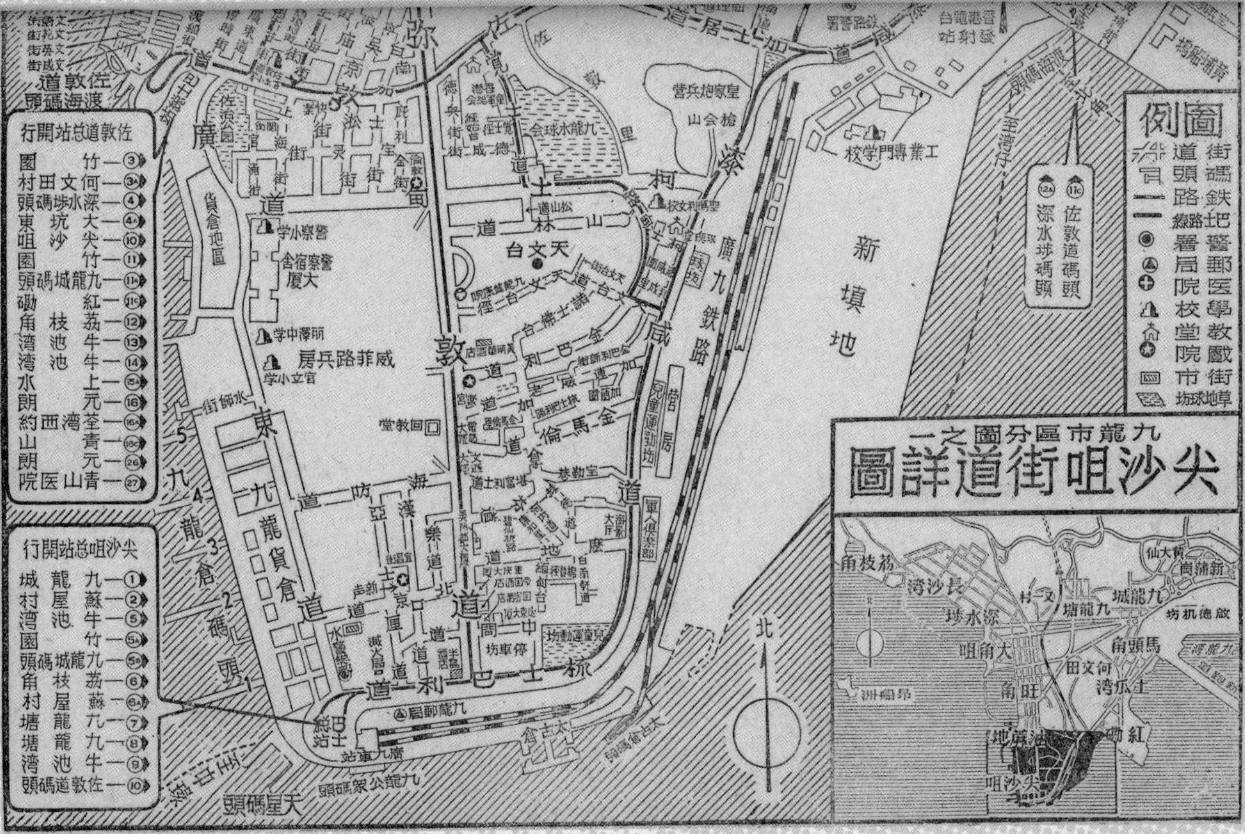

約 1963 年尖沙咀街道詳圖　圖片正中的威菲路兵房，1920 年起改為九龍公園。右方的新填地現為尖東及星光大道。

不變的有果欄及落成於1922年的警署。廟街的各類攤檔及附近之私娼風月場所亦歷久不衰。

旺角區的廣大東方煙廠及花園地段，於1949年分拆出售，建成十多座包括信和中心等的新廈。鄰近之彌敦道與山東街一帶的地段，於1940年代後期起，落成了多間戲院、茶樓、酒家和百貨商店，其中龍鳳茶樓及瓊華酒樓的中秋月餅耀目燈飾，為國際知名的景點。一流的百老滙戲院，於1968年改建為滙豐銀行。隨後，周遭的建築物大部分被重建，最顯著的是由上海街及附近多幢舊樓改建，於2004年落成的朗豪坊。

深水埗及長沙灣

工業區大角咀內的黃埔船塢及油蔴地小輪公司船廠，於1970年及90年代，改建為住宅屋邨的大同新邨及港灣豪庭，鄰近的荔枝角道上，有地標式的雷生春唐樓，現已被活化為中醫藥中心。

包括荔枝角道的大部分深水埗區的街道，是在1909年的一次大規模填海上開闢的。早期的地標建築，是於1913年開幕的公立醫局。新填地上亦有落成於1925年的警署及1927年的英軍軍營，現時，軍營的地段上，已落成多座居屋屋苑。

警署所在的欽州街與南昌街一帶，為深水埗的中心點，人流麇集，有多家戲院、茶樓及酒家，現時則為電腦以及電子通訊器材的特區，鄰近的長沙灣道則取代港島的蘇杭街，成為衣物布料的交易市集。

1953及54年，分別發生於石硤尾及李鄭屋村的兩場大火，數以萬計的災民流離失所，當局興建大量的六、七層高的徙置大廈以作安頓。此類H型大廈亦紛紛在各區興建。

二戰前後，已有大量製造業的廠房開設於深水埗及長沙灣區，主要為造船及製衣。1960年代起，陸續他遷，龐大的美孚儲油庫所在，亦闢建住宅屋苑美孚新邨。其旁的泳灘及荔園遊樂場，亦漸變為交通要衝及住宅屋苑。

九龍塘、啟德和九龍城

1922年，太子道闢成，所經的九龍塘區，有多座英式別墅落成於以英國小鎮命名的街道上，部分別墅現仍存在。

直到1950年代，何文田迄至土瓜灣的部分地段，仍為墓葬區，部分地段為平房式的徙置區。由1960年代起，變身為高尚住宅區及公屋區的愛民邨及何文田邨等。

1931年落成的啟德機場，於1939年已成為英國在遠東的主要航空站。淪陷時期，日軍為「擴建機場」，在包括寨城在內的九龍城區進行大清拆，大量名勝古蹟遭受破壞，只餘下寨城內的衙署。

和平後的1953年，當局在啟德機場興建一條伸出九龍灣的跑道，於1958年落成，又在原龍津石橋一帶，建成機場客運大樓，於1962

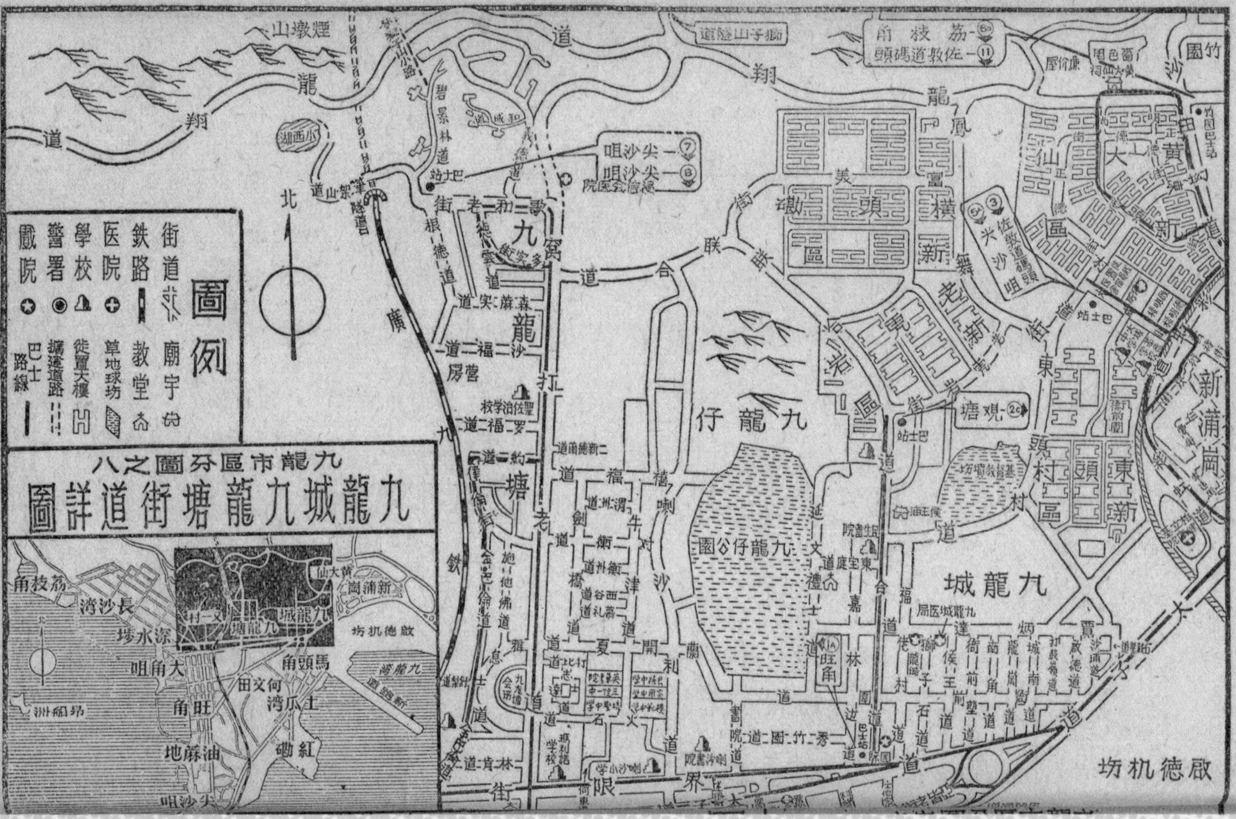

約 1963 年九龍城九龍塘街道詳圖　老虎岩於 1974 年改為樂富，圖中的九龍城地段即九龍寨城，城牆已被拆除。原飛機升降點闢為新工業地段 —— 新蒲崗。

年落成。原本飛機升降的區域，則於 1960 年代初闢成工業和住宅區新蒲崗。

「三不管」地帶的九龍寨城內，有大量娼妓、毒品及狗肉的架步，吸引到不少「好此道」的尋幽搜秘者。可用污煙瘴氣來形容，城內城外亦有無數的未經批准而建成的樓宇，以及眾多的無牌西醫及牙醫。此光怪陸離的地段於 1994 年全部被清拆，1995 年建成九龍寨城公園。

土瓜灣和紅磡

馬頭涌區宋皇臺聖山一帶迄至土瓜灣區，百多年來為主要工業區之一，有麻纜廠、炮竹廠、紡織廠及煤氣廠等，自 1950 年代中起，大部分廠房被改建為住宅。

較龐大的為土瓜灣與紅磡的青洲英坭廠、中華電力廠及黃埔船塢，亦同於 1950 年代中起，陸續改建為商業及住宅樓宇。

1972 年的海底隧道通車，以及 1975 年九廣鐵路總站由尖沙咀遷至，紅磡旋即成為重要的交通要衝，同位於此的「香港工專」亦逐漸發展為香港理工大學。

牛頭角、黃大仙和觀塘

介乎啟德機場與牛頭角交界之牛池灣，地標式的建築群為 1960 年代初的公共房屋彩虹邨，其旁為上、下元嶺及大磡村等的寮屋區，於 1980 年代起，逐漸拆卸改建，現時地段上築有志蓮淨苑、星河明居及荷里活廣場等。而彩虹邨亦計劃重建。

與志蓮淨苑互相輝映的，是黃大仙區的赤松黃仙祠，現時的宏偉宮殿式建築落成於 1973 年；其旁的竹園區，有一位於沙田坳道起點的「竹園鄉」，毗鄰有由牛奶場闢成的鳳凰新村。其旁鑽石山斧山道一地段，曾設有包括電懋等多家製片公司的片場，現時為住宅大廈，沿鄰近蒲崗村道直上，為於 1960 年代中起，陸續入伙龐大的慈雲山徙置區，於八、九十年代重建為新型的公屋大廈。

迄至 1970 年代初，牛頭角仍為工業及徙置區，規模最大的是淘化大同食品醬油廠，部分已於 1960 年代改建為商住樓宇。同時，其附近的徙置平房及七層徙廈，包括牛頭角下邨等，亦經歷一兩次重建，現時所見為新型樓宇。醬油廠亦於 1980 年代改建為淘大花園住宅屋苑。

至於牛頭角觀塘道對出之東九龍沿海地段，亦有多座大小廠房，於 1973 年被遷拆及進行填海，新地段上建有地鐵車廠，以及公屋和私人商住樓宇。

早於 1954 年，當局在牛頭角及茶果嶺間，早期被稱為「垃圾灣」的海段進行填海，新填地上開闢觀塘新市鎮及工業區，於 1960 年代初全部落成，政府建築物及大量消費、娛樂及飲食場所落成於市中心的裕民坊一帶。現時，部分這一帶地段上的舊樓，已被改建為「凱滙」

的新型樓宇及商場。同時，附近連接牛頭角區的「花園大廈」廉租屋苑，亦先後進行重建。

觀塘以東的另一座「垃圾灣」(Junk Bay，早期又名船艇灣) 的將軍澳，內有坑口、調景嶺及將軍澳等鄉村，以及調景嶺灣。早期，當局將這一帶用作修船及拆船區。

1984 年，開始在將軍澳進行大規模的填海，以開闢可容納四十萬人居住的新市鎮，並設一工業邨。1990 年代初完成，大量公私營樓宇在新開發地段上築建，附有多座大型商場及康樂設施，地下鐵路亦伸延至此，將軍澳瞬即成為一青春煥發的現代化市區，為數十萬家庭提供舒適居所。

張俠強醫癌專科
醫癌專科
林鳳婦科
榮新洋服
AD 1547
AF 6365

商業旅遊

Chapter 1

1

商業旅遊

尖沙咀重建計劃

1950年代，普羅市民乘天星小輪往尖沙咀，主要目的是乘搭火車往廣州，以及參觀嘉年華會式的工展會。途經梳士巴利道，目睹火車站鐘樓、九龍倉的遊客商店（現星光行）以及半島酒店，加上眾多的外籍遊客，有彷如置身想像中歐美之「外國」的感覺。工展會（現喜來登酒店）場內，亦可望見馬可孛羅酒店（現九龍酒店）、星光酒店（現彩星中心）、玫瑰酒店（現帝國酒店）及遠東車房（後來的國賓酒店及遠東大廈）等西式建築，連同附近一帶樓房商舖的西化裝飾櫥窗，加上霓虹光管燈飾的大小招牌，令人目迷五色。

1957年7月2日，香港大學建築系就這地帶設計了一尖沙咀遊客發展的大綱，包括：

（一）在天星碼頭前巴士總站所在，建一座兩層高的廣場，地面設一巴士總站。

（二）在半島酒店前建一休憩公園，以及一貴賓中心，中心內供應遊客喜愛的商品。

（三）在水警總部（現1881）旁，興建一座博物館或美術館，而位於彌敦道舉辦工展會的空地，興建一座圓形的展覽館。

（四）把九廣鐵路總站遷往市郊，在原地範圍，開築一條與梳士巴利道平行的新道路。

（五）在九龍郵政局（現文化中心面向廣東道的空地）旁，興建一座停車場。

十六年後的1973年，彌敦道工展會的地段上，建成了停車場和喜來登酒店。

九廣鐵路總站於1975年遷往紅磡，在原火車站及路軌範圍新闢一條與梳士巴利道平行的星光大道。

1983年在梳士巴利道建成半圓型的太空館，又在其毗鄰於1991年建成香港藝術館。原漆咸道軍營地段上，分別於1991年建成香港科學館新館，以及1998年建成香港歷史博物館新館。1989年，尖沙咀文化中心在鐵路總站及原九龍郵政局的舊址上建成，總站於1978年被拆卸，鐘樓則被保留。

至此，1957年提出的發展大綱，大部分已實現。

而火車站面向的廣東道，迄至油麻地佐敦道的一段有一條10號巴士路線行走。廣東道靠海的一邊為龐大的九龍倉，其毗鄰為水師街的水師（水警）地段以及私人的新利及德成瑞興貨倉。另一邊為威菲路兵房（現九龍公園）、麗澤中學及警察宿舍（這一帶現有港景峯屋苑）。整段道路均沒有瓦遮頭，若行畢全程，則飽歷日曬雨淋之苦。

由1960年代初開始，「九龍倉」機構將所有碼頭及貨倉逐漸拆卸，先後改建為星光行、海運戲院及香港酒店、海洋中心，以至港威大廈等多座酒店、商廈和商場，形成一龐大的「海港城」，而原來的五座稱為「橋」的碼頭，而漸次改建成為海運大廈及太平洋會等。

1960年代後期，香港的第一座貨櫃碼頭，開設於九龍倉旁現中港客運碼頭一帶，附近的北京道與九龍公園徑之間的空地，則用作置放貨櫃箱，所在現為朗廷酒店及新太陽廣場。

北京道與廣東道交界為落成於1910年的尖沙咀街市，曾被改作尖沙咀郵局及警員招募處，街市旁廣東道的空地上曾為雲集十多座大牌檔的熟食區，於1978年被勒令遷往海防道臨時熟食中心，不經不覺已「臨時」四十多年了。

1935年尖沙咀及九龍灣全景

尖沙咀及九龍灣全景，約 1935 年。前中部可見九廣鐵路站及鐘樓和半島酒店，半島右鄰為「大包米」(訊號山)上的第二代時球台，右下方為太古倉及藍煙囪碼頭。左方為九龍倉及其前端的五條「橋」(碼頭)，包括泊有大洋船的「一號橋」(現為海運大廈)。圖片正中為紅磡，可見大環山及其前右方的黃埔船塢。其背後為九龍灣及左端於 1931 年起啟用的啟德機場，後中部的牛頭角只見零星包括淘化大同食品有限公司廠房的屋宇。

1951年尖沙咀及九龍灣全景

同一景致，約 1951 年。可見九龍倉的五條「橋」及其左鄰的「水師塘」（水警避風塘及碼頭），兩者的背後為剛落成的警察宿舍大廈，紅磡及土瓜灣一帶有多座新樓宇。正中可見九龍灣及頗具規模的啟德機場，飛鵝山腳牛池灣一帶亦開始發展。

1950年九龍倉運貨駁艇

泊於九龍倉五條橋範圍內之運貨駁艇，1950 年 12 月。在未有貨櫃船之前，從「散裝船」（貨船）將貨物運上岸之重任，是由此種貨運駁艇肩負者。中後方為九龍倉的總寫字樓（於 1970 年代中改建為海洋中心），其前端有三艘天星小輪。直到二十世紀初的 1906 年，天星碼頭是設於這一帶者，同年後期才改設於剛闢成的梳士巴利道。

1970年天星碼頭

約 1970 年的尖沙咀，可見由第二代天星碼頭及公眾碼頭改建，於 1957 年起落成的新天星碼頭，九廣鐵路站鐘樓旁為新公眾碼頭。正中為由部分九龍貨倉改建，於 1968 年及 1969 年先後落成的星光行及香港酒店。左方為由「一號橋（碼頭）」改建，於 1966 年落成的海運大廈。其左端的部分貨倉及總寫字樓於 1972 年拆卸，三年後改建為海洋中心。半島酒店右方舊工展會場地，正在興建喜來登酒店。

1979年海運大廈

約 1979 年的尖沙咀，左方可見海洋中心以及興建中的港威中心，右方為在已拆卸的九廣鐵路總站地盤上，正在興建的太空館及新世界中心和麗晶酒店。鐘樓一帶地盤於 1989 年建成文化中心。

1955年九龍倉

威菲路軍營，現九龍公園

九龍倉全景，約 1955 年，由右至左的貨倉群現時已被改建為星光行、香港酒店、海洋中心及港威中心等建築。正中一帶是現時為九龍公園的威菲路軍營，其後中部為樂宮戲院及第一代美麗華酒店，右方的電話大廈現時為滙豐大廈。電話大廈左右的平房於三數年後，逐漸改建為幢幢新廈。

1963年九龍倉

由廣東道另一貨倉地段（所在現為中港城及戲曲中心一帶）望九龍倉的碼頭及港島中區，約 1963 年，右方的海面現為「西九」地段。

1968年九龍倉碼頭

九龍倉貨櫃碼頭一帶，現為中港城

由水師街、水師（水警）船塢及碼頭一帶望九龍倉的碼頭及海運大廈，約 1968 年。左中部的地段即將闢建香港的首座貨櫃站，所在現時為中港城及客運碼頭。

1972年香港首座貨櫃站

位於九龍倉範圍的香港首座貨櫃站，約 1970 年，此貨櫃站一直運作至葵涌貨櫃碼頭於 1972 年落成為止。

1930年尖沙咀火車總站

約 1930 年的尖沙咀火車總站、半島酒店及太古倉和藍煙囪碼頭。正中為訊號山及山上的第二代時球台。

1930年第二代天星碼頭及現貌

第二代天星碼頭及九龍公眾碼頭，約 1930 年。右方為一座人力車輪候棚，其左鄰泊有兩部九龍汽車公司的巴士處現為「五枝旗杆」海港城的入口。正中的公眾碼頭於 1957 年拆卸，併建為新天星碼頭。

1998年曾灶財墨寶

天星碼頭前，「九龍國國皇」曾灶財的「御筆」親題墨寶，1998 年。

1928 年天星碼頭廣場

1928 年，一場颶風後的天星碼頭廣場。正中為公眾碼頭，右上方的九龍貨倉於 1968 年改建為「九龍商業中心」，稍後易名為「星光行」。右下方可見三部被壓毀的九龍汽車公司巴士。

1953 年巴士站廣場

由天星碼頭望巴士站廣場，1953 年 6 月慶祝英女皇加冕期間。中右方的九龍郵政局所在現為文化中心的一部分。

1950 年九廣鐵路總站及鐘樓

約 1950 年的九廣鐵路總站及鐘樓，前方可見多部在等候載客之黑色的士。

1981年梳士巴利道消防局

梳士巴利道的消防局，1981 年，其右鄰曾有一落成於 1906 年的九龍郵政局，於稍後被拆卸，所在開闢九龍公園徑。消防局連同背後山段的水警總部現為「1881」的遊覽購物區。

2004年廣東道

由文化中心望正中的廣東道，2004 年。左方為星光行及海港城，右方通往 1881 水警總部的堤道和旁邊的山段即將被夷平，以闢建「1881」的懷舊景點和餐飲購物區。

1930年半島酒店

半島酒店，1930 年。其隔了一條漢口道，依次為落成於 1925 年的青年會及 1906 年的郵政局。酒店背後樹叢的右方為面向北京道的重慶市場（現重慶大廈所在）。北京道與漢口道交界為落成於 1921 年的景星戲院，於 1964 年改建為新聲戲院。半島酒店右方的空地曾先後舉辦英帝國展覽會及工展會，於 1973 年建成喜來登酒店等建築。

1983年尖沙咀東部

約 1983 年的尖沙咀東部及右下方的紅磡。正中可見尖東的酒店和商業樓宇群，左中部為新世界中心，現為 K11 MUSEA。

1987年興建中的文化中心

約 1987 年的尖沙咀，正中為在火車總站原址興建中的文化中心。尖沙咀東部新建築群的背後，可見多座黃埔花園的樓宇。

1990年文化中心一帶

尖沙咀鐘樓、文化中心及右方的海濱長廊，其背後為太空館、新世界中心及麗晶酒店。左中部為重建中的青年會，約 1990 年。

1928年訊號山

從中間道半島酒店旁望訊號山上的第二代時球台，約 1928 年。正中的遠東車房於 1950 年代末，着手改建為遠東大廈及國賓酒店，左方的圍欄處於 1950 年代建成馬可孛羅酒店及美輪酒店，所在現為九龍酒店。

1962年美輪酒店

現為九龍酒店一部分，位於中間道與漢口道交界的美輪酒店，約 1962 年。

1950年「中國貨品展覽會」開幕特刊

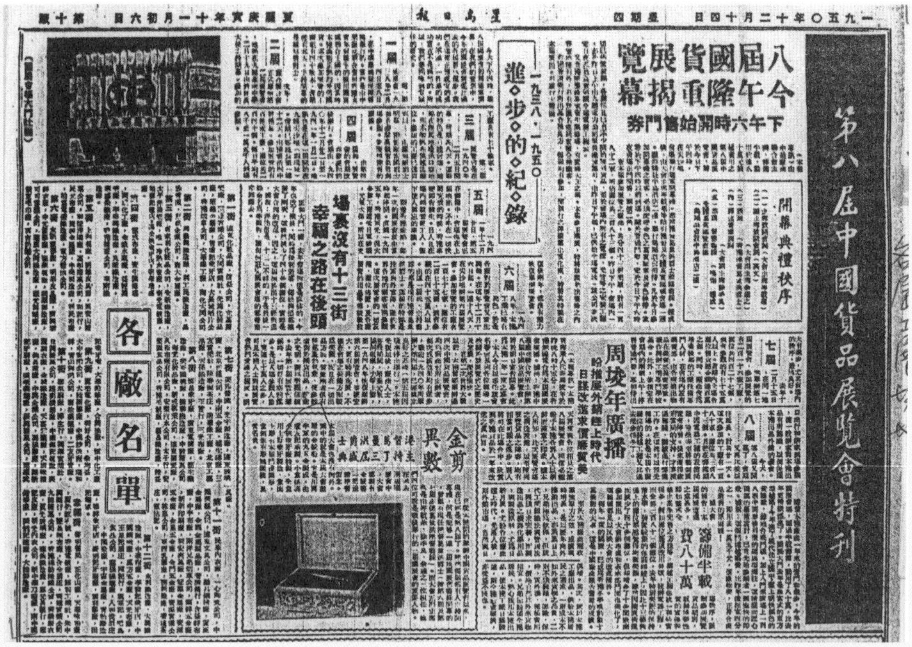

一九五○年十二月十四日 星期四 星島日報 第十版

第八屆中國貨品展覽會特刊

八屆國貨展覽 今午隆重揭幕

下午六時開始售門券

開幕典禮秩序

一九三八—一九五○ 進步的紀錄

場裏沒有十三街 幸福之路在後頭

周埈年廣播

金剪異數

籌備半載 費八十萬

各廠名單

1950 年 12 月 14 日，第八屆「中國貨品展覽會」開幕特刊。一年後，名稱改為「香港華資工業出品展覽會」(工展會)，展覽場地現為喜來登酒店。

1957年尖沙咀工展會

在尖沙咀舉辦的第十五屆工展會，由梳士巴利道北望，1957 年。左方可見半島、馬可孛羅及星光酒店。正中的遠東車房已被拆平，將興建遠東大廈及國賓酒店。

1959年第十七屆工展會

第十七屆工展會場，背後為興建中的國賓酒店及已落成的遠東大廈，1959 年。

彌敦兩旁
遊客區轉變

位於海防道臨時街市旁迄至亞士厘道間，有十多座三層高的唐樓，地下有錢幣找換、釣魚用品、洋服及攝影器材等店舖。大部分唐樓於1971年被一場大火焚毀，部分地段連同街市及廣東道熟食區舊址，於1990年代初，建成「北京道1號」商廈。

半島酒店開始的彌敦道上多座三層高唐樓，於1950年代後期起陸拆卸重建為新建築，包括由重慶市場改建落成的重慶大廈，舊樓改建的金域假日酒店、美麗都大廈、金冠大廈及文遜大廈等。位於北京道旁則有良士及華源大廈，兩者之間於1964年落成一間總統酒店，於1969年易名為凱悅酒店，2009年改建成「iSQUARE國際廣場」。

海防道以北為1870年代闢成的威非路兵房，前方的彌敦道兩旁，有多株大榕樹。迄至1970年代，有不少情侶，在樹影婆娑、橙色的街燈下，依偎漫步。這一段彌敦道，於1980年代初，改闢成「栢麗購物大道」，而兵房則於1970年，改闢為九龍公園。早於1969年底，已在部分兵房，舉辦了一次頗為盛大的香港節郵票展覽。欣賞郵品之餘，亦可探視軍營的景象。

公園對面的地標式建築物，有落成於1949年，位於金馬倫道口的電話大廈，並於1978年，改建為現時的滙豐大廈。還有開業於1952年的樂宮戲院，所在現為美麗華酒店。樂宮於星期日提供廉價早場，放映世界文學名著編製的西片，如《皇子復仇記》等，招待學生觀看。1955年，在戲院後面的金巴利道，興建一座住宅及商場的香檳大廈，於一年後落成；現時又面臨重建。

1964年，英國披頭四樂隊（The Beatles）抵港，在樂宮戲院表演了一場，所居的總統酒店內外及一帶，有大量歌迷聚集。

樂宮戲院於1973年停業，於1977年改建為美麗華酒店新翼，位於其北鄰落成於1948年的舊美麗華酒店，則於1990年代改建為美麗華商場大廈。

位於梳士巴利道與漆咸道南交界，早期被稱為「尖沙頭」的地段，有一座被稱為「大包米」的訊號山，以及位於山腳的兒童遊樂場。其對出的海旁，有一建設於1910年的太古藍煙囱貨倉及碼頭，於1971年易手，1978年改建為設有麗晶酒店的新世界中心。部分建築物於2019年重建為新大廈及商場。1960年代，尖沙咀東部亦進行填海，包括原九廣鐵路的路軌地段，1970年代陸續建成多座新型建築物。

由1978年開始，聖誕新年期間，沿現時的星光大道經過新世界中心，前往尖沙咀東部，觀賞各新酒店和建築物的璀燦燈飾，為市民的上佳節目。

漆咸道南的北段，早期滿佈花園別墅式的屋宇，地標式的建築為落成於二十世紀初的聖瑪利女校及玫瑰堂，以及1960年代初的百樂酒店。

另一邊的南段為九廣鐵路的路軌，漆咸營、軍人俱樂部及兒童遊樂場等。1960年代，漆咸營被用作安置霍亂症病人的親屬，所在的地段現為科學館及歷史博物館。附近的天文台道、金巴利道及柯士甸路，有多間以上海館子為主的著名食肆，另一條為同是食肆雲集的寶勒巷。

彌敦道上則有多間設有高級夜總會的酒樓，包括中華、金都城、金冠、漢宮及以石頭魚馳名的鴻星，鴻星的所在現為商務印書館（華源大廈店），另一家著名的酒樓夜總會，為開設於新世界中心的「海城」。到了1990年代，大部分位於尖沙咀彌敦道的戰前舊樓皆被拆卸重建，現時，只餘下位於柯士甸道交界的一座。

另一重大改建為1990年代中，多座位於麼地道、康和里及河內道的樓宇被拆卸，改建為綜合大樓群的「K11 Art mall」，煥然一新。

1947年彌敦道

總統酒店，現為 iSquare

星光酒店，現為彩星中心

由中間道北望彌敦道，約 1947 年。左方開有辰衝書局的星光酒店，於 1960 年代中改建為瑞興大廈，現時被易名為彩星中心。北京道右方的一列樓宇於 1964 年起，陸續落成總統酒店，現為商務印書館所在的華源大廈及海防大廈。總統酒店於 1969 年易名為凱悦酒店。2009 年再改建為國際廣場 (iSquare)。

1951年彌敦道

星光酒店

電話大廈，現為尖沙咀滙豐大廈

由梳士巴利道望彌敦道，1951 年。右方工展會場後的遠東車房後來改建為遠東大廈及國賓酒店，背後的玫瑰酒店現為帝國酒店。左方巴士前的星光酒店現為彩星中心。正中最高的電話大廈現為滙豐大廈。這一帶當時為遊客區的中心點。

1969年彌敦道

1969 年 12 月，第一屆香港節慶祝期間，由梳士巴利道望彌敦道。右方的大樓依次為國賓酒店、帝國酒店、重慶大廈及美麗都大廈等。

1968年彌敦道

由中間道望彌敦道，約 1968 年。右中部為美麗都大廈。左方為馬可孛羅酒店的滙豐銀行、瑞興大廈、良士大廈及總統酒店，稍後易名為凱悦酒店。

1955年彌敦道

約 1955 年的彌敦道，右方的重慶市場於 1961 年改建成重慶大廈，正中位於與摩地道交界的酒店大樓，於 1974 年改建為金域假日酒店，其左鄰的樓宇於 1950 年代末改建為美麗都大廈。這一帶真正是遊客區的「黃金地段」。

1965年麼地道

由碧仙桃道望麼地道，約 1965 年，正中可見與漆咸道交界的海景大廈，右方的樓宇現為金域假日酒店。

海景大廈　現金域假日酒店

1969年凱悦酒店

剛由總統酒店易名的凱悦酒店，1969 年，所在現為國際廣場（iSquare），右方為華源大廈。

1930年景星戲院

位於北京道與漢口道（右），落成於 1921 年的景星戲院，約 1930 年。

約 1959 年經過改裝的景星戲院，右方的漢口道泊有一輛汽水車。戲院稍後拆卸，於 1964 年建成新聲戲院，現時為再被改建的新聲大廈，下圖為 2009 年開有 HMV 的新聲大廈。

由廣東道現海洋中心所在望北京道，約 1918 年。右方為落成於 1910 年的尖沙咀街市，後來曾改作郵局及警員招募處，其左鄰的樓宇曾有找換店及洋服店等，於 1971 年全毀於大火，所在連同街市現為北京道 1 號大廈。左方的空地於 1960 年代末起曾被放置貨櫃箱，現時為朗庭及力寶太陽廣場等建築物。

現為朗庭及力寶太陽廣場　現為北京道 1 號大廈　尖沙咀街市

1918年北京道

1930年彌敦道

由北京道北望彌敦道，約 1930 年。右方樓宇的所在現時為金域假日酒店、美麗都大廈及金冠大廈等，左方的花園地段背後，為海防道的威非路軍營（現九龍公園）。

1930年彌敦道

由海防道南望彌敦道，約 1930 年，左方有大樹的是加拿芬道，兩旁的樓宇現時為金冠大廈及美麗都大廈。右方大樹和木頭車所在現時為的華源大廈。

1935年海防道及現貌

由彌敦道望海防道，約 1935 年。右方威非路軍營的街角可見一座郵筒。左方的部分樓宇於 1960 年代初改建為海防大廈。

牛奶公司九龍大樓

位於彌敦道與堪富利士道交界的牛奶公司九龍大樓，於 1950 年代後期改建為設有漢宮酒樓夜總會的文遜大廈。前端及左方為海防道及威非路軍營。

1935年彌敦道及現貌

約 1935 年由加連威老道南望彌敦道。左中部與金馬倫道交界的樓宇現時為滙豐大廈，正中有塔型屋頂的是牛奶公司，右方為威非路兵房前的榕樹。

1960年彌敦道

現滙豐大廈

由金馬倫道北望彌敦道，約 1960 年。右方的電話大廈現時為滙豐大廈，其左鄰為安樂大廈及興建中的華敦大廈。左邊威非路軍營前，有樹叢的行人路晚上為情侶的「拍拖」勝地，其圍牆於 1980 年代改建為栢麗購物大道的商店。中右方可見樂宮戲院。

1958年彌敦道

彌敦道上觀看英女皇壽辰軍操及軍車匯演的人群，約 1958 年。左方可見位於第一代美麗華酒店的景福（King Fook）珠寶金行。這一帶現時為美麗華大廈，左方為天文台山。

1960年代第二代美麗華酒店

落成於 1960 年代後期，位於彌敦道與金巴利道交界的第二代美麗華酒店，約 1970 年，所在現時為曾開有商務印書館的美麗華大廈。

樂宮戲院

位於彌敦道與金巴利道交界，開業於 1952 年設有京菜館的樂宮戲院，於 1977 年改建為美麗華酒店新翼，而第二代酒店的舊翼則於 1990 年代改建為設有商場的美麗華大廈。

1985年彌敦道

位於彌敦道 190 號的一座碩果僅存西式舊樓，1985 年。左方為柯士甸道，附近的山林道口，曾有一間開業於 1950 年代的車厘哥夫餐廳。圖片由陳創楚先生提供。

1960年百樂酒店

成立於 1960 年，及約於同年開業的尖沙咀漆咸道南百樂酒店，前方一帶為漆咸營，現時為香港科學館及香港歷史博物館。1970 年代後期，這一帶已發展為「尖東」的新旅遊觀光區。

影響油旺區的重要工程

1910年，一座位於油麻地佐敦道渡船角至旺角之間的避風塘開始興建，並於1915年完成。由於避風塘的堤壩欄阻糞便及廢物的排走，大部分油麻地及旺角區的樓宇皆是無水廁的設備者。落成於1949年的旺角百老滙戲院以及其對面的滙豐銀行新廈（現為惠豐中心），均要自行興建化糞池，因此，這區不能興建有抽水馬桶的新型樓宇。

為解決此問題，當局於1954年開始建設大清糞水渠，範圍由油麻地至深水埗間，經炮台街、新填地街、荔枝角道、晏架街，延伸至大角咀避風塘側之海底，以及昂船洲外之大海，將糞便及廢物引至該處沖走，工程於1956年完成。

俟後，該區之衛生條件徹底改善，加上政府於1955年12月，放寬樓宇高度限制至最高為二十六層，大量高樓大廈在該區及港九各區興建。

同於1956年，位於油麻地佐敦道、大糞渠起點的炮台街與上海街之間、落成於1895年的煤氣廠，遷往土瓜灣馬頭角，原址興建了保文、統一及佐敦大廈和官立小學。當時油旺區的著名新建築物，還有普慶戲院、平安大廈及新興大廈等。

佐敦道渡船角一帶，設有汽車渡輪碼頭及巴士總站，主要新界巴士線的總站亦設於此，形成一交通要衝，不時出現長長的候車人龍以及輪候汽車渡輪的車龍。這一帶的交通盛況隨着「西九」地區的建設，渡輪服務於1995年結束，以及巴士站的他遷而一度趨於平靜。到了2018年，廣深港高速鐵路總站在原渡輪碼頭旁的填海地段落成。

為建新機場，當局於1990年代初，於舊避風塘一帶進行大規模填海，開闢連翔道、海輝道及西九龍公路等來往新機場的主要幹道。

位於佐敦道碼頭旁的渡船角，有一座九龍倉的棉花倉，曾發生大火而成為新聞。1965年，貨倉被拆卸以興建「文華新邨」，內有八幢以文字為首命名的大廈，包括文英樓、文景樓等，被稱為「八文大廈」，因鄰近巴士總站及渡輪碼頭，為「板間房客」羡慕不已的安樂窩，經過近六十年，已呈年華老去的現象。

佐敦道上的著名場所，有快樂戲院及其鄰近的美化茶樓、雲天茶樓、統一樓茶廳及龍如酒家等，龍如的隔鄰，是一家名為「九龍玉器市場」的店舖。而真正的玉器市場，是位於佐敦道旁迄至甘肅街的一段廣東道，兩旁有多間玉器店舖，騎樓底行人路上亦聚滿玉器商販，在此討價還價，好不熱鬧。

1960年代，廣東道的舊唐樓陸續被拆卸重建，位於南京街旁一間人人酒家，曾被改作玉器市場，到了1980年代中，集中於甘肅街的新玉器市場內營業。

油麻地的中心點是天后廟所在的榕樹頭廣場，為市民的消閒及飲食的場所，一如港島的大笪地，廣場與就近的廟街和街市街一帶，有占卜星相、講古壇、賣武和飲食攤檔等，華燈初上，人群麇集，尤其是廟街一帶的盛況，現仍持續。現時最興盛的是位於街上的舖內的粵曲歌壇。

從榕樹頭旁的眾坊街，可步往油麻地避風塘區，直到1990年代，其熱鬧程度與銅鑼灣避風塘相比，不遑多讓。內有大量遊河艇及飲食艇，亦有若干艘供「短叙尋歡」的出租艇及妓艇，妓艇全集中於一條海上的「上海街」之兩旁。此外，亦有一條海上「中河街」，兩邊泊了多艘供遊船河客點唱的歌艇。

面向避風塘的渡船街，有多座貼連海邊興建的唐樓，是可在窗口拋絲垂釣者，景象奇特。

由柯士甸道迄至旺角的彌敦道兩旁，有多幢由舊樓改建的大廈，最早落成的是 1952 年的新樂酒店以及稍後的倫敦戲院，兩者之間有著名的雪園九龍及北京等飯店。

彌敦道與佐敦道的交滙處，有一間被稱為「鬼屋」的古老別墅，晚上亦「烏燈黑火」。其兩邊對面的華豐大廈及金峰大廈，分別為第一、二代的裕華國貨的店址。該別墅於 1970 年代中，被改建為低座為裕華國貨的嘉賓大廈，其右端的南京街旁，為兩代的泰林電器行。

大華戲院位於與西貢街交界，開業於 1928 年，1980 年代被改建為酒店，現時又再被夷平。其東鄰為著名的太平館餐廳及彌敦酒店，太平館於 1960 年代初遷往茂林街現址。

彌敦酒店亦於 1960 年代重建，其對面為新新及富都酒店，兩者分別於 1960 及 70 年代改建為恒成大廈及永安公司新廈，恒成大廈曾有一國賓酒樓。1977 年舉辦滿漢全席，哄動一時。新新酒店的地廳茶座，五、六十年代，不時可見影劇紅伶及明星的風采。

彌敦道與加士居道交界，有分別落成於 1902 年及 1934 年的普慶及平安戲院。作為九龍第一間大戲院的普慶戲院，曾於 1927、1956 年代的三度重建，現時為逸東酒店。平安戲院於 1960 年改建成平安大廈。平安背後則有位於甘肅街開業於 1919 年，為九龍第一間電影院的廣智戲院，所在現為停車場。

這一帶還有落成於 1936 年的南九龍裁判署，現時勞資審裁處，其背後有一座名為「水塘山」的山崗，範圍延至廣華醫院前的窩打老道，部分山崗是橫跨彌敦道者，於 1926 年才被夷平，南北的兩段彌敦道才可貫通。

山崗的東端，是早期命名為「皇囿」的京士柏，1963 年伊利沙伯醫院在京士柏落成。迄至 1970 年代初，不少「野草閒花」的私娼在此活動，引來不少冶遊的狂蜂浪蝶。

窩打老道，早期又被稱為「水渠道」，近海的一段於和平後，路中仍有明渠，1950 年代才被蓋平。該一帶的地標為 1911 年的廣華醫院。1915 年位於 8 號的郵政局及 1930 年的油麻地戲院。引人注目的是 1916 年開始營業的果欄，附近的碧街還有金華戲院。金華及郵政局已被改建為住宅樓宇，而油麻地戲院則變身為戲曲活動中心。該一帶有新填地街的富貴茶樓，上海街的一定好、品心及得如茶樓等。

油麻地的廟街及吳松街，於二十世紀前後為妓院麇集的「麻埭（油麻地的別名）花國」，與港島的「塘西風月」互相輝映。1935 年實施禁娼後，倡妓的活動由明轉為暗，迄至現今。

和平後，亦有若干間金銀首飾器材店，以及收購舊首飾等的落爐舖，一如港島的弓絃巷，時至今日仍在經營。因接近避風塘，上海街有多間金舖及首飾行，包括梁華生、永成、和盛等，以服務水上人家及坊眾，早期位於榕樹頭對面，後來則遷往附近的新樓。

這一帶有落成於約 1869 年的油麻地警署，所在現為梁顯利社區中心。警署於 1922 年遷往廣東道的新警署，時至今日，新警署亦成為舊警署了。

1989年油麻地避風塘

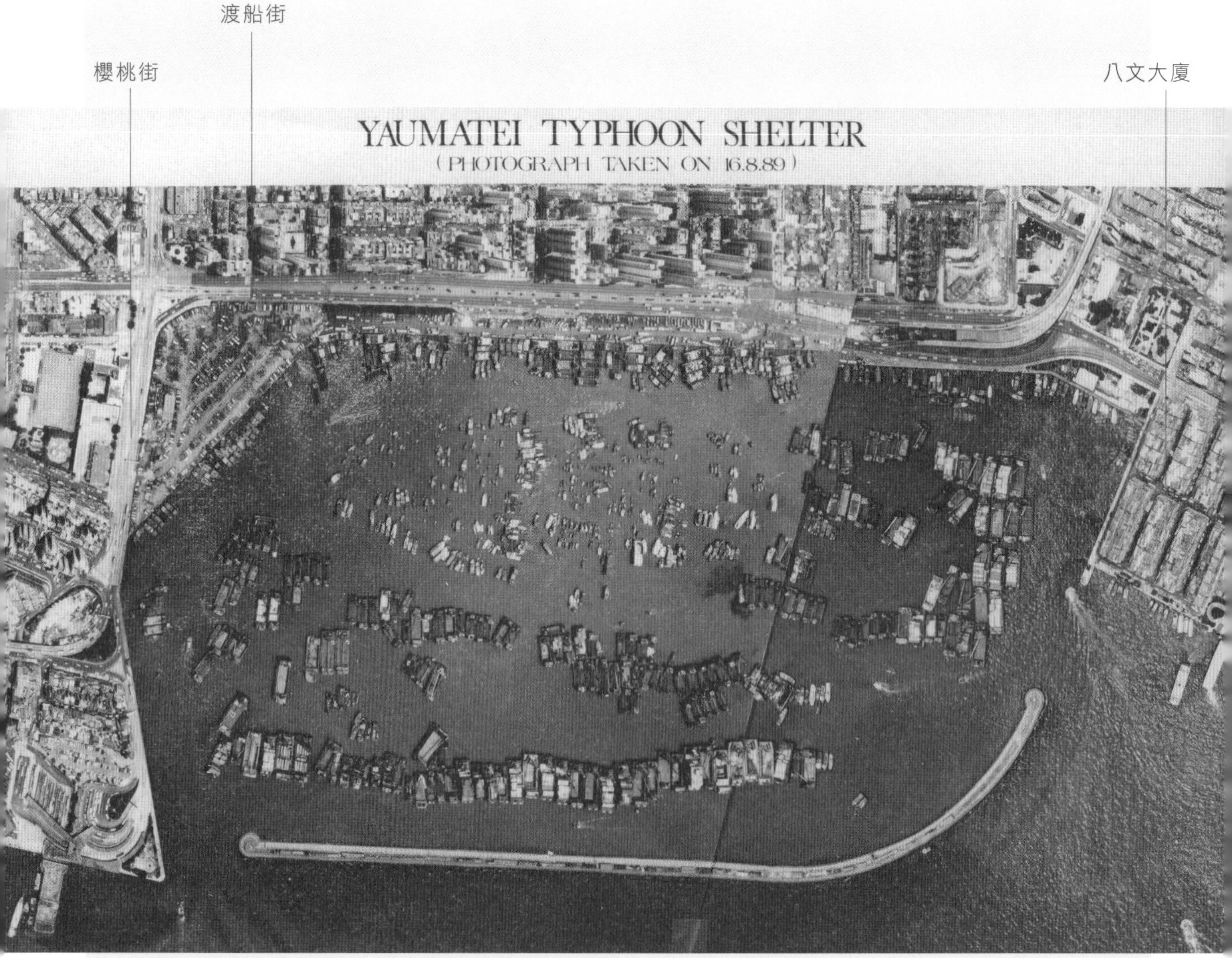

1989 年，油麻地避風塘的鳥瞰圖。前方為落成於 1915 年的堤壩，左方為櫻桃街，上方面海的是渡船街，右中部可見渡船角「八文大廈」的全景，其左方是文昌街及西貢街。避風塘及前方的海段現時是「西九」、高鐵站以及新機場幹線的地段，其附近原有「佐敦道碼頭」(中右方)。而左下方則可見大角咀碼頭，三數年後，這一帶被填為陸地。

1968年八文大廈

部分落成之渡船角「八文大廈」，約 1968 年。左方為文昌街及西貢街。右上方為佐敦道旁重整中的佐治五世公園。

1968年旺角避風塘

旺角防波堤壩內的避風塘，約 1968 年，可見各類大小船艇，正中一艘油蔴地公司小輪正駛往山東街的旺角碼頭。

1968年旺角碼頭

約 1968 年的旺角避風塘，左方為位於山東街與渡船街交界的旺角碼頭，該碼頭亦是無廁所設備者。這一帶海面現時為柏景灣、奧海城、海富苑、帝峰皇殿以及富榮花園等屋苑的所在。

1970年油麻地渡船角

約 1970 年的油麻地渡船角。右下方為客車渡輪碼頭，容納客車兩用的雙層渡輪，左方「八文大廈」對出之避風塘海段亦有汽車渡輪碼頭（容納雙層汽車渡輪），現時為廣深港高速鐵路站所在。

1985年渡海小輪碼頭及現貌

渡船角的佐敦道客車渡海小輪碼頭，1985年，碼頭內有一超級市場。右方為「八文大廈」的文景樓。（圖片由陳創楚先生提供）

1970年客車渡輪碼頭

佐敦道客車渡輪碼頭一景，約 1970 年，所在現為柯士甸站一帶。

1955年油麻地

約 1955 年的油麻地。正中為佐敦道與廟街交界的雲天大茶樓，有大型金字屋頂的是快樂戲院，兩者的背後可見上海街與炮台街間的煤氣廠。同年，在此進行夷平煤氣廠及將糞便移出避風塘海面的渠務工程，一年後完成。

由佐治五世公園望佐敦道，約 1970 年。小巴左旁是設置清糞大渠的炮台街，有龍如大酒家的保文大廈迄至上海街統一大廈的多幢樓宇的地段，所在迄至 1955 年，原為煤氣廠。

1970年佐敦道及現貌

1965年佐敦道夜景

炮台街至廟街間一段佐敦道的夜景，約 1965 年。可見九龍玉器市場店舖，以及龍如、統一樓酒家和雲天大茶樓。

1992年快樂戲院

位於佐敦道雲天大酒樓對面、與上海街交界的快樂戲院，1992 年。戲院所在現為敦成大廈。

1963年上海街

由佐敦道望上海街，約 1963 年。左方迄至南京街的統一大廈所在的地段，原為煤氣廠。正中的多座舊木樓即將重建。

1967年廟街

由甘肅街北望廟街，約 1967 年。正中「維他奶」招牌背後為 78 號的「大來包辦筵席專家」，其背後為即將落成、設有九龍中央郵局的政府大樓。這兩旁有食家及燉品店的舊樓，包括左方不在圖中的廣智戲院，即將被拆平。

1960年廟街

由甘肅街南望廟街，約 1960 年，可見多間包括藥店、洗染、茶樓、酒莊及攝影院等民生店舖，左方為位於 116 號的東方餐室及大榮茶樓。右方有「麗的呼聲」有線廣播電台的車輛。

1935年榕樹頭廣場

油麻地榕樹頭廣場的天后廟以及占卜星相攤檔，約 1935 年。古廟及前端的一大段廟街為市民的消閒休憩場所，歷久不衰。其旁的一條「公眾四方街」(SQUARE，廣場)是以其命名的，約於 1980 年易名為「眾坊街」。

1985年油麻地新警署

落成於 1922 年，位於廣東道與眾坊街(右)的油麻地新警署，攝於 1985 年。現時，新警署已成為有過百年歷史的舊警署，而第一代落成於約 1869 年的油麻地警署是位於圖左的前端，依稀見到的圍牆位置，所在現為梁顯利社區中心。(圖片由陳創楚先生提供)

1969年果欄及近貌

油麻地窩打老道（左）及石龍街（右中）的水果批發市場（果欄），1969年。果欄與油麻地戲院中上方之間是新填地街。戲院的背後油麻地郵政局，所在現為窩打老道8號住宅大廈。（圖片由吳貴龍先生提供）

新填地街的油麻地果欄，2005年。近年，果欄各店鋪之經營方式是較為進取及開放，不止接受批發亦接受個體客購買。

1966年彌敦道

倫敦戲院

新樂酒店

由柯士甸道望彌敦道，約 1966 年。左方為剛開業的倫敦戲院，正中為 1952 年開業的新樂酒店。這一帶有多間綢緞行及若干間包括雪園、九龍及北京等外省飯店。

1953年彌敦道

1953年6月3日，英女皇加冕會景巡遊隊伍正經過新樂酒店前的彌敦道，右方接近德興街的樓宇現時為恒豐中心。

1954年彌敦道兩旁

由新樂酒店頂樓的瞭望台，遠眺滿佈舊樓的油麻地區，約1954年。左下方與佐敦道交界有亭閣的別墅現為裕華國貨所在的嘉賓大廈，而彌敦道兩旁的樓宇於兩三年後陸續改建為有水廁設備的高樓大廈。右中部的南九龍裁判署現時為勞資審裁處。

1955年彌敦道及現貌

由佐敦道北望彌敦道，約 1955 年。左方是被稱為「鬼屋」的古老別墅，於 1970 年代中被改建為嘉賓大廈。交通警察指揮台的右方稍後改建為九龍第一代裕華國貨所在的華豐大廈，正中最高的是第一代彌敦酒店，酒店於 1960 年代中重建。

1969年裕華國貨

1969 年同一地點，舊樓已改建成多幢大廈。右方是曾為裕華國貨及商務印書館所在的華豐大廈，左方康年銀行招牌的右上方為位於富都酒店內，杏花樓中菜館的招牌，所在為永安公司的一部分。

1928年油麻地彌敦道

約 1928 年的油麻地彌敦道，右方為長樂街及西貢街一帶，中左方有第二代的普慶戲院，稍後亦有同年開幕的大華戲院。

1955年大華戲院

位於彌敦道與西貢街交界的大華戲院，約 1955 年。曾於 1980 年代改建為酒店。左方為太平館餐廳。

1953年彌敦道

1953 年 6 月 3 日，英女皇加冕會景巡遊隊伍行經大華戲院前彌敦道，左方為北海街。背後的屋宇現為永安公司。

1969年富都酒店

彌敦道與北海街交界的富都酒店，約1969年。內設杏花樓中菜館，地下為永安公司，1970年代末拆卸重建為現時永安公司的大廈。右方的新新酒店於1960年代末改建為恒成大廈。

1952年第二代普慶戲院

於1927年改建落成的第二代普慶戲院，攝於1952年，當時正上演名伶薛覺先、紅線女及馬師曾的名粵劇（大戲）《清宮恨史》。右方彌敦酒店於1960年代後期重建。普慶於1956年再度重建為設有酒店及酒樓之大廈式建築，於1990年代再重建為現時的逸東酒店。（圖片由黃照培先生提供）

1953年英女皇加冕慶祝牌樓

從現彌敦道中華書局前南望，蓋搭於彌敦道上的英女皇加冕慶祝牌樓，1953 年 6 月。右方的平安戲院（Alhambra Theatre）於 1960 年改建為平安大廈，左方的第二代普慶戲院現為逸東酒店。

1995年西九龍填海地段

即將完成的西九龍填海地段，約 1995 年。中前方為西區海底隧道的入口，右上方為尚未填海的渡船角小輪碼頭及「八文大廈」。左方可見新油麻地避風塘，其後方為大角咀現奧海城及深水埗現麗閣邨及海麗邨一帶。

1995年西九及荔枝角填海區

西九及荔枝角填海區，約 1995 年。右方為油麻地新避風塘，左方是深水埗現南昌站所在及長沙灣一帶，亦可見荔枝角大橋和背後的美孚新邨。這一帶正在興建往新機場的幹線。

龍華樓
中
ABC

生活娛樂

Chapter 2

興旺角落的舊貌新顏

戰前起有一條小輪航綫，由統一碼頭至旺角的山東街，小輪經過避風塘堤壩駛入碼頭，航程亦可欣賞避風塘區的風光。到了 1972 年，小輪才改泊於街尾避風塘外的大角咀碼頭。1970 年代末開始，大角咀碼頭曾成為「中港客運碼頭」。

避風塘內可見緊密排列的各類船艇，令人印象深刻的是在艇上溫習的兒童，以及在海上裸泳的小男孩。

第一代旺角碼頭所在的山東街及渡船街一帶是十分喧鬧的。經過一條市集式的地士道街（Thistle Street）及塘尾道，便可進入櫻桃街。約 1970 年，地標式的建築為銘基書院及路德會沙崙學校，其旁的棕樹街，曾有以「一味靠滾、認真好膽」作宣傳的駱駝牌冷熱水壺廠大廈，附近的晏架街 4 號曾有麗華戲院。

至於山東街的名店，有位於廣東道 982 號的蓮香茶樓，與上海街交界的金唐酒家，以及與彌敦道交界的龍鳳茶樓及瓊華酒樓，還有一間位於新填地街，以「野味」馳名的東風樓，曾在此品嚐過稱為娃娃魚的海狗魚。

迄至 1950 年代，金唐酒家為頗高檔的宴飲場所，直到彌敦道上多間新酒樓落成為止。其北鄰有一間以大碗湯著名的粥麵店富記，一名「樓面」職工，一個人服務全部食客，包括高聲「落單」，傳遞食品，眼觀四面、耳聽八方，準確無誤，可謂全才。

相類的小館有附近名為「神燈」的食館，門前行人路上放置多盆游水海鮮，供食客挑選，味道不俗，價錢亦相宜，以致食客盈門。其鄰近有一書店，舖面堆疊一座約十呎高的書山，讀者自行「繞山」尋寶，成為奇景。

這段上海街的舊樓群，亦有多間包括：中興、兄弟、永昌及多多福等金舖，顧客對象亦是街坊和水上人家。

因接近渡輪碼頭及避風塘，直到 1950 年代末，無論油麻地或旺角，上海街是較彌敦道為繁盛者。記得有一兩幢木結構唐樓，露台與外牆間植有一株大樹，成為奇景。

可是，自 1970 年起，旺角區的新舊樓宇內，色情場所的桑拿、指壓、「靜電中心」、「魚蛋檔」、「女子理髮廳」等遍設，迄至興建朗豪坊，一帶樓宇被拆卸為止。不過，這些場所卻在附近一帶「死灰復燃」，春風吹又生。

被稱為「旺角之旺角」，是指山東街至亞皆老街間的一段彌敦道，區內有包括勝利（後改建為麗斯）、百樂門、百老滙及新華戲院。滙豐銀行亦在此建成第一至第三代旺角分行大廈，包括由百老滙戲院改建的第三代。而麗斯、百樂門及新華等戲院亦陸續改建為商業大廈。

最著名的是由一列多座只有舖位的樓宇，改建為瓊華酒樓及多座唐樓，瓊華酒樓及其斜對面龍鳳茶樓之中秋月餅宣傳燈飾及廣告畫，為蜚聲國際的耀目景點，唐樓式的龍鳳茶樓，樓宇一直屹立不動，現時為渣打銀行。

這一帶亦有包括梁蘇記遮、葉牌恤、大方百貨、四五六百貨、皇上皇雪糕等名店，部分現時被改建為東亞銀行及銀行中心。

山東街的另一邊，有滿庭芳酒樓及顧智學校等，於 1970 年代初改建為好望角大廈及荷李活戲院，戲院亦於稍後改建為荷李活中心。

鄰近豉油街、彌敦道、登打士街迄至洗衣街的地段，為 1908 年開業的東方殷琴拿煙廠及花園，花園街是以此煙廠的花園命名的。

1949 年，當局將煙廠及花園的地皮，分割為二十幅分開拍賣，俟後，多座商住樓宇在地段上建成。其中一幅曾闢為「明園遊樂場」，稍後改建為開有中僑國貨公司及龍華茶樓的大廈，於 1970 年代中改建為信和中心，其旁的豉油街曾開有商務印書館。這一帶有一條煙廠街，附近亦有一東方街。1950 年代，年宵花市是在這區的西洋菜街和花園街之間舉行。

豉油街與彌敦道之間，曾有一間開業於 1939 年的彌敦戲院，於 1960 年代初改建為新興大廈。新興大廈內及附近，曾有三間「五月花酒家」。

1990 年代，介乎山東街、上海街、砵蘭街及亞皆老街的多座樓宇被拆卸，改建為多幢大廈組成的「朗豪坊」，並於 2004 年落成。同時，附近的新雅酒店及瓊華酒樓亦改建為雅蘭中心及瓊華中心。

彌敦道上的地標還有旺角道交界的「ABC 愛皮西飯店」和「始創行」，始創行於 1920 年代為九龍巴士公司的辦公樓及車房，曾於 1960 年代改建為麗聲及凱聲戲院，於 1995 年再改建為始創中心。

過了水渠道，有一落成於 1931 年的東樂粵劇戲院，1960 年代曾放映電影及表演艷舞，因「出位露骨」遭警方干涉而成為新聞。1973 年改為東海大廈，底座商場有「大大公司」，現時為聯合廣場。

位於鄰近太子道 8 號、於 1927 年開業的旺角戲院，於 1940 年代末改建為若干座唐樓。地舖設有迎合內地移落外省人的澡堂「浴德池」，約十年前改建為「都會大廈」。

1972年彌敦道往旺角方向

由油麻地永星里北望旺角區，約 1972 年海底隧道剛通車時。繁盛的彌敦道上可見一輛 104 號紅隧綫的中巴，正中為窩打老道口的中僑國貨分公司，現為「現時點購物中心」。

1920年東方煙草廠房及花園

成立於 1908 年的東方煙廠殷琴拿有限公司，約落成於 1920 年，位於彌敦道、登打士街、豉油街、花園街迄至洗衣街的龐大廠房及花園。

1954年彌敦道及現貌

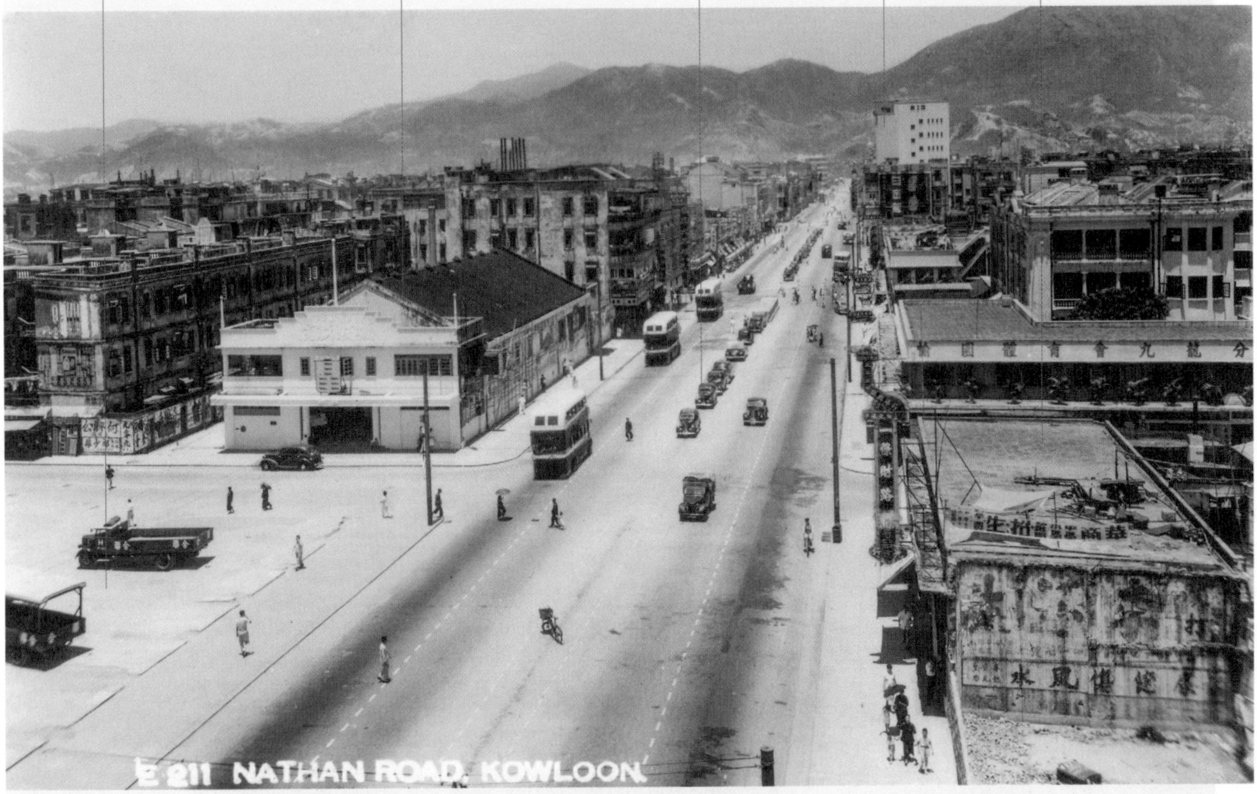

由旺角登打士街北望彌敦道，1954年。右下方為原東方煙廠的舊建築物（現信和中心），愉園體育會前是豉油街。左方的「聯合貨車」停車場現時是創興廣場，金字屋頂的彌敦戲院（落成於1939年），在1960年代初改建為新興大廈。最高的建築物是當年落成位於亞皆老街交界的滙豐銀行第二代旺角分行（現惠豐中心所在）。當年的彌敦道路中心是可以泊車的。

1962年登打士街望彌敦道

現信和中心

由登打士街望彌敦道，約 1962 年。從右方泰國盤谷銀行至左方廣東省銀行的多幢樓宇所在，是原東方煙廠的地段。圖中可見 ABC 愛皮西飯店的分店。左方的龍華茶樓及中僑國貨的所在，於 1970 年代中改建為信和中心。

1972年荳油街望彌敦道

由荳油街望彌敦道，約 1972 年。右方的荷李活戲院大廈內有「大人百貨公司」及幸運大酒樓。左方為由彌敦戲院改建的新興大廈，其背後的砵蘭街有南華戲院。

1960年豉油街南望彌敦道

由豉油街南望彌敦道，約 1960 年。右方的樓宇所在現為創興廣場。左方包括龍華茶樓、中僑國貨及 ABC 飯店等樓宇，於 1970 年代中改建為信和中心及彌敦中心等大廈。

1953年彌敦道與山東街交界

龍鳳茶樓，現渣打銀行　麗斯戲院

1953 年 6 月的彌敦道與山東街交界。正中為慶祝英女皇加冕的牌樓，其右方為 1949 年開業的龍鳳茶樓。最右方是由勝利戲院改建於同年落成的麗斯戲院。龍鳳的四層高唐樓一直保留曾改為敦煌酒樓，現時則為渣打銀行。

1951年彌敦道與山東街

彌敦道與山東街交界一列只有單層舖位的建築，1951 年。於 1955 年改建為瓊華酒樓（現瓊華中心）等樓宇。右方的兩層高有滿庭芳酒家的唐樓，於 1972 年改建成好望角大廈。

1966年山東街與彌敦道交界

位於山東街交界的彌敦道，約 1966 年，左方龍鳳大茶樓的樓宇現仍存在。左中部的麗斯戲院現為麗斯大廈，其右鄰的新雅酒店及酒樓現為雅蘭中心。骨醫祁少雄招牌後的百老滙戲院即將改建為滙豐銀行，其背後為興建中的恒生銀行大廈。右方有「雙春」宣傳牌的是瓊華大酒樓，其前後端有皇上皇雪糕臘味及大方百貨公司。

1962年瓊華酒樓一帶及現貌

位於「旺角的旺角」之瓊華酒樓及龍鳳大茶樓一帶，中秋期間燈飾璀璨，約1962年。這耀目的景象當年已蜚聲國際。

1972年奶路臣街南望彌敦道

由奶路臣街南望彌敦道，1972 年初。左方為瓊華酒樓，其右鄰正興建好望角大廈。右方可見醉瓊樓、五月花酒樓及平過人公司等的招牌。

1972年亞皆老街南望彌敦道

由亞皆老街滙豐銀行前南望彌敦道，約 1972 年。右方為設有「仙后旋轉餐廳」的胡社生行，其左鄰的建築現為雅蘭中心、麗斯大廈及創興廣場等。左方有單眼佬涼茶、金葡園臘味家以及葉牌恤等名店。

1980年康樂街雀鳥店

旺角康樂街的雀鳥店，約1980年。這一段位於山東街與亞皆老街之間的康樂街，現時已成為朗豪坊的一部分。

1992年上海街

由豉油街北望上海街，1992年，這一帶遍佈名為別墅、夜總會、小築及日式指壓等的色情場所，以及為「風流病」善後的診所。正中地段，山東街背後的樓宇，於稍後改建為朗豪坊。

1961年百老滙戲院及現貌

位於彌敦道與亞皆老街交界，落成於1949年的百老滙戲院，約攝於1961年。當時正上映由史提夫麥昆主演的西片《七俠蕩寇誌》，戲院地下有著名的四五陸百貨公司。戲院於1968年改建成第三代的旺角滙豐分行，第一代是位於戲院與新雅酒店之間。百老滙戲院之特別處是堂座之後方，有若干個「入牆」的獨立雙人坐位，很受情侶的歡迎。

1953年旺角道南望彌敦道

由旺角道南望彌敦道，1953 年 6 月 3 日。可見多輛祝賀英女皇加冕出會巡遊的花車。右中部為快富街，左方為百老滙戲院。彌敦道上有多間鞋店、女服店、理髮店、影相館及酒吧。左下方（圖外）為與旺角道交界，第一代旺角警署的所在。這類三層高的特色樓宇於 1950 年代後期起，紛紛改建為大廈，現時已所餘無幾。

1970年火車橋望亞皆老街

由油麻地（於 1969 年 1 月 1 日易名為旺角站）九廣鐵路站旁之「火車橋」（行人天橋）望亞皆老街，約 1970 年。右下方為洗衣街與聯運街間的水務署辦事處，其背後是三喜酒樓。過了花園街是先施公司，現為先達廣場。再過通菜街旁的新華戲院現為宏安大廈。正中的中國國貨公司所在現為「新之城商場」。其隔了一條亞皆老街的左鄰是舊旺角滙豐大廈，稍後重建為惠豐中心。

2007年亞皆老街

由亞皆老街上之「鑿嘜」（鑿字）檔望惠豐中心（左上）及滙豐銀行（中），2007 年。朗豪坊已在右方（圖外）落成。

2008年上海街

由亞皆老街北望上海街的多幢舊唐樓，2008 年。這些唐樓部分已被重建，惟部分外牆仍被保留。

由旺角道南望上海街，2008 年。左方可見一列即將重建的唐樓，小巴背後為位於 658 號的春和堂單眼佬涼茶店，正中是朗豪坊。

1964年旺角街市

約 1964 年，旺角街市前位於廣東道的果菜販攤檔，此現象現時仍維持，左方為信興海味雜貨店。

1968年旺角街市

信興海味雜貨店，
現豪東大廈

由亞皆老街南望廣東道的旺角街市，約 1968 年。街市的背後是南頭街。左方的著名信興海味雜貨店，正在拆卸重建為豪東大廈。

落成於 1920 年代中，九龍汽車有限公司位於旺角彌敦道的辦公大樓「始創行（Poineer Building）」，攝於 1935 年 6 月英皇喬治五世登基銀禧慶典期間。大樓的兩旁為位於弼街（右方）及水渠道（左方）的車房。弼街車房於 1960 年改建為麗聲戲院，左方的車房連同始創行於 1970 年改建為凱聲戲院。兩間戲院於 1995 年被重建為始創中心。1960 年代，舊始創行曾開設厚德福外江菜館。

2005年水渠道

兩幢位於旺角水渠道的二十年代舊樓，樓下為一上海小館。這些古典風格樓宇現時只餘下三數幢。

2004年砵蘭街

太子區的砵蘭街，2004年。正中為當年以燒肉馳名的飯店，該一帶現時仍為食肆麇集的「食街」。

2004砵蘭街

一間位於砵蘭街及運動場道（右）的飯店，2004 年。飯店所在的典型唐樓，始於 1920 年代，常見於油麻地至深水埗區。

2004年浴德池浴室

一列落成於 1940 年代末的位於太子道唐樓攝於 2004 年。所在原為於 1927 年開幕的旺角戲院。圖中可見位於 8 號之浴德池浴室。這一列樓宇於 2010 年代初改建為都會大廈。

浴德池浴室的正門，2004 年。1950 年前後，大量此種浴室和澡堂，在港九各區開設，以迎合南來的外省人士。

5

生活娛樂

深水埗、大角咀和荔枝角

1940至50年代，窩打老道、亞皆老街以至旺角的水渠道，部分的馬路中心仍為明渠，1950年代才被蓋平。旺角水渠道對開的荔枝角道口，先後開設天虹娛樂場及大世界戲院，所在現為住宅大廈「百匯軒」。

另一地標為荔枝角道上的唐樓「雷生春」，近年活化為浸會大學的中醫藥保健中心。其旁曾設好世界戲院，鄰近的太子道有旺角消防局及住宅樓宇葛量洪夫人新邨，新邨現為頌賢花園。旁邊的合桃街有兩三間磨製檀香及線香的店舖。

附近的柳樹街與通州街間，曾為拆車場，可見大量有待「拆骨」的各種汽車，堆疊在一起，頗覺新鮮，所在現為球場。附近的楓樹街1號，為九龍殯儀館，1973年逝世的武打巨星李小龍，是在此出殯的。附近的大角咀道，曾有一間出產椰子糖的甄誠記。

位於界限街2號設有歌壇的大昌茶樓，在其樓上茶座，可見對面荔枝角道上的明聲戲院，其旁界限街馬路中心，於1953年石硤尾大火後，曾蓋有臨時醫院及產科醫院，以服務災民。

界限街與通州街之界，有若干座棚廠，通州街靠近北河街往來中環及西營盤小輪的深水埗碼頭的海面，不時見到大量浮浸的竹枝。碼頭在1919年創設於界限街，1924年遷往北河街，所在現為通州街公園。

由界限街迄至大角咀利得街的一帶及海段，為油麻地小輪船公司的船廠，以及黃埔船塢屬下四海船塢。後者於1970年代初被建為住宅樓宇大同新邨。1990年代，油麻地公司的船廠被改建為屋苑港灣豪庭。

早於1909年，當局開始在深水埗移山填海，工程完成後，在原本的鴨寮村開闢鴨寮街、塘尾村開闢塘尾道，以及在艇家灣開闢基隆街、大南街、醫局街及海壇街等。

1913年，深水埔（埗）公立醫局由港督軒尼詩行開幕禮，而海壇街上有建於1890年代的武帝廟。直到1970年代，深水埗的巴士總站亦設於海壇街。

深水埗警署及英軍營，先後於1925及1927年在欽州街、荔枝角道迄至東京街一帶落成。

深水埗的中心點為荔枝角道、欽州街、南昌街、北河街，直到大埔道一帶，範圍內有百祥、北河、信興、龍慶、香城、八仙、泉章居、黃金及寶石等酒家，以及合發、一定好、冠男、有男、榮華、天海及中央等茶樓飯店。現時，只餘下一間中央飯店，以及只售餅食的八仙。欽州街的黃金酒樓則改作電腦商場。其福榮街的毗鄰，曾有一開業於1941年7月的深水埗戲院，但於同年12月初被日機炸毀，成為最「短命」的戲院，所在現時為金必多大廈。附近亦有一開業於1960年代中的黃金戲院。

南昌街的正中有一條大明渠，於1980年代才全被蓋平。長期以來明渠兩旁被放置大量傢俬和雜物，還有不少衣物、布匹和日用品攤檔，著名的地標為南昌押及與元州街交界的利工民線衫廠，由此，可步入石硤尾區的巴域街和大牌檔雲集的耀東街。

1950年代初，附近的寮屋區不時發生大火，消防車是在耀東街引喉灌救的。最嚴重的一次是1953年12月25日聖誕夜的大火，包括石硤尾村、白田村及窩仔村等的六條村被焚毀，災民近六萬。

災民在深水埗迄至旺角的街道兩旁行人路騎樓底，用木料鐵皮和紙皮等，蓋搭寮屋暫居。當局又在長沙灣道的馬路中心，蓋搭數以百座計的廁所在浴室，以應災民需求。1958年才全部被拆除。

由1954年年初起，當局在石硤尾災場，興建一、兩層高的平房，以及六層高的徙置大廈，以安置災民，稍後在石硤尾及李鄭屋區，興建大量七層高「H」型大廈。由當時起，此種七層高徙置大廈陸續在各區興建，有不少「天台學校」在徙置大廈的頂端開設。

這區的觸目樓宇為設有酒樓的嘉頓麵包廠、新舞台及仙樂戲院。1960年代初，保安道與新圍村之間的蘇屋邨廉租屋入伙，早前，有近萬人露宿輪候申請入住資格，現時蘇屋邨已被重建為新廈。

和平後，深水埗及長沙灣為主要的工業區，有多間著名的紗廠、製衣廠和布廠；海旁有多間造船廠，1970年代，船廠全部遷往將軍澳。

於1948年開業位於荔枝角的荔園遊樂場，是兒童夢想的樂園，內設有摩天輪、碰碰車等機動遊戲，還有歌壇及「引人入勝」的艷舞場。1970年代初，增設一以遊客為主的「宋城」。兩者皆於1997年結業，改建為住宅樓宇。

荔園面前的海邊，1920年代已設有泳棚，和平後則開有東方、中青及華員泳場，不少情侶在海面「扒艇仔」，現時，海面已成為陸地。早於1968年，這一帶的荔枝角灣上已建成為葵涌道一部分的荔枝角大橋。

大橋旁有多座美孚公司的儲油庫，1960年代，儲油庫遷往茶果嶺麗港城屋苑所在，原地段於1960年代中起，興建近百幢的美孚新邨住宅樓宇，首幢於1968年落成。

1965年由旺角道望廣東道

由旺角道望廣東道的小販攤檔，以及兩旁的糧食、雜貨及藥店，約 1965 年，部分旺角道已近大角咀區。

2008年大角咀一列舊唐樓及現貌

大角咀福全街（右）及晏架街（左）的一列舊唐樓，2008 年，稍後被拆卸改建為一間富薈旺角酒店。

1964年通州街

深水埗（左方）與大角咀（右方）交界的一段通州街，1964 年。這段通州街現為西九龍走廊，前方的船廠海段現為通州街公園。（圖片由呂偉忠先生提供）

1964年大角咀船廠

大角咀的油蔴地小輪公司船廠，1964 年。所在為大角咀道與福利街一帶。1990 年代初，改建為住宅屋苑「港灣豪庭」。其右鄰曾有一黃埔船塢轄下的四海船塢，於 1970 年代初被改建為「大同新邨」住宅群。（圖片由呂偉忠先生提供）

1985年大角咀船廠

約 1985 年的大角咀區，前方油蔴地小輪船公司的船廠地段，現為住宅樓宇的「港灣豪庭」。右中部可見自 1972 年起取代旺角碼頭的大角咀碼頭，亦為中港客運碼頭。

1975年博文街

位於大角咀博文街的大廈福群樓，1975 年。樓下為著名的紅寶石酒樓之分店，有不少渡輪乘客光顧。大角咀渡輪碼頭位於圖片的左方（圖外）。

1906年颶風襲港後的深水埗

HONG KONG
VICTORIA
The N. S. Rosario & Hospital Ship Hygiene of Sum Sow Po. Sent ashore by typhoon
of the 18th of September 1906

1906 年（丙午）9 月 18 日，一場導致萬多人喪生的颶風襲港後的深水埔（埗）。左中部可見一艘醫院船「衛生」號，右中部為深水埔村的「西角山」，這一帶現時為北河街及醫局街、海壇街等範圍。

1920年深水埗

深水埗新填海地段，約 1920 年，可見一班人拉拽一巨木前往剘木廠。

1930年深水埗

深水埗欽州街與福華街一帶，約 1930 年。左中部可見一海珠高等茶樓。

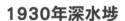

1928年英軍軍營

位於深水埗欽州街、荔枝角道、長沙灣道與東京街間，落成於 1927 年的名為南京及漢口的英軍軍營，約攝於 1928 年。

1928年深水埗軍營全景

深水埗軍營全景，約 1928 年。左方可見欽州街至南昌街一帶的屋宇。軍營地段現時為麗閣邨及麗安邨一帶。右方沿海的是東京街，正中是青山道，前方是上李屋、鄭屋村及李屋村等的田地。

1925年深水埗街市及現貌

約 1925 年的深水埗。前方為北河街，中部為深水埗街市，左中部為桂林街。

1960年北河街

街市

北河酒家

由大南街望北河街，約 1960 年。左方為街市，右方為與基隆街交界的北河酒家，中後方為石硤尾，圖中的 1920 年代樓宇稍後陸續重建。

桂林街上的大牌檔，約 1953 年。左方為汝州街。圖片正中的唐樓現仍存在。

1953年桂林街及現貌

2008年信興酒樓

桂林街與基隆街交界開業於 1936 年的信興酒樓，攝於 2008 年。酒樓於 2016 年八十周年紀念後結業。

信興酒樓八十周年

於信興酒樓八十周年，筆者獲該酒樓招待享用晚宴，2016。

1928年荔枝角道及現貌

由欽州街望荔枝角道，約1928年。右方為落成於1925年的深水埗警署，此警署現仍運作。其左方的軍營地段現時為麗閣邨的所在。

1960年北河街及現貌

由通州街的深水埗小輪碼頭望北河街，約 1960 年。右方的店舖，除士多及藥店外，還有多間出售「斷檔」(過期未贖)衣物、手錶及首飾的故衣舖，還有一間出售消滅床蝨及木蝨噴劑的黃玉合菜種行。

2008年武帝廟

位於海壇街近界限街，始建於 1891 年的武帝(關帝)廟，攝於 2008 年。武帝廟背後，醫局街的醫局於 1913 年 4 月 12 日開幕。

1955年南昌街

由荔枝角道望南昌街，約攝於 1955 年，右方有一明渠大水坑於 1980 年代才被蓋平。左方有著名的龍慶酒樓(1960 年代初)、有男茶樓及南昌押店。一大段南昌街的水坑旁，有若干個檔口出售貨物及各種雜品，亦被放置大小傢俬雜物，直到水坑被蓋平為止。1923 年，第一代深水埗郵政局就是建於一條橫跨水渠的「橋」上。

溫黛襲港後
大世界戲院及現貌

1962 年 9 月 1 日，颶風溫黛襲港後，位於荔枝角道落成於 1951 年的大世界戲院，右方為上海街。所在的地段為 1950 年開幕的天虹娛樂場（遊樂場），現時為住宅大廈百匯軒。

2004年雷生春

位於荔枝角道 119 號的唐樓式大宅雷生春，攝於 2004 年，此落成於 1931 年的樓宇曾為住宅和跌打醫館以及其它店舖，現時為浸會大學中醫藥學院。右方的塘尾道曾有一間好世界戲院（圖外），現為好世界大廈。

1986年利工民線衫廠

位於元州街與南昌街 200 號交界的利工民線衫廠，1986 年，稍後被重建。以秋蟬牌及鹿牌為商標，在港九設有多間門市部。（圖片由陳創楚先生提供）

1953年石硤尾大火災民

1953 年底，石硤尾區大火後，聚集於楓樹街遊樂場的災民，左中部為黃竹街，後方為長沙灣道，左下方為「深水埗街坊福利會」所在的汝州街。（圖片由張西門先生提供）

石硤尾災場上平房

當局在石硤尾災場上興建之一、二、三層高的平房，以安置災民，但最後決定在此興建六層及七層高的 H 型徙置大廈，這等平房後來全被拆卸。左方為巴域街。（圖片由張西門先生提供）

災民臨時居所

石硤尾大火後，在深水埗以至旺角一帶的行人路上以至馬路旁，災民用木板、鐵皮以及紙皮蓋搭篷寮以作安身之所。

1960年徙置大廈

約 1960 年的石硤尾區，可見多幢位於窩仔街及巴域街（右中及右下方）、白田街（左中部）及山邊一帶的 H 型徙置大廈。中右方位於窩仔街的四座共八幢是六層高者，其餘皆為七層高。右下方可見位於石硤尾街，面向耀東街的聖方濟各教堂。

1964年徙置大廈

石硤尾窩仔街的徙置大廈，1964 年。

1965年天台學校

在徙置大廈頂層開辦的天台學校，約 1965 年。

天台學校操場，約 1965 年。

1965年徙置區及現貌

位於白田街與巴域街的石硤尾徙置區，約 1965 年。右方為私人樓宇。

1932年深水埗軍營

從荔枝角道望部分深水埗軍營，約 1932 年。背後由右至左為石硤尾、上李屋、李屋村、鄭屋村及蘇屋村一帶，其前端的道路為青山道及元州街。左上方位於東京街及青山道前的海灣泊有一艘待修的大洋船。軍營所在現時為麗安邨及麗閣邨等住宅屋苑。

1965年徙置大廈及廉租屋

由大埔道望李鄭屋邨的徙置大廈以及背後的蘇屋邨廉租屋，約 1965 年。由 1954 年起落成的 H 型大廈，一律為七層高者，故此石硤尾的大廈於稍後落成者亦為七層。右方的馬路為廣利道。

1970年李鄭屋邨徙置區

約 1970 年的李鄭屋邨徙置區，背後為元州邨。

1962年順寧道

市集街道的順寧道，約 1962 年。左方有多家，包括設於住宅樓宇內的工廠。

1962年青山道

由長沙灣長發街一帶，向南望青山道，約 1962 年。

1962年市集攤檔

約 1962 年，順寧道上的攤檔，可見左方挑擔檔出售的土魷是一元二毫四兩，十分便宜。左上方的唐樓外牆，有若干間工廠的名稱。

1965年琵琶山段

大埔道與呈祥道交界的琵琶山段，約1965年。左上方為李鄭屋邨，中上方為元州邨廉租屋苑，右鄰有一不在圖內的華爾登酒店。

1968年蘇屋邨廉租屋

同一地點，約1968年。正中為1960年代初入伙的蘇屋邨廉租屋宇，於2012年起重建，2018年起逐步落成。

1960年華爾登酒店

位於大埔道旁的華爾登酒店，約1960年，可俯瞰鄰近的蘇屋邨，酒店於2000年被改建為豪宅爾登華庭。

1952年長沙灣

由琵琶山大埔道一帶望長沙灣，約1952年。正中可見仍為沿海的東京街及深水埗軍營，海段於1950年代後期被填平，當局在此興建長沙灣邨及元州邨等的廉租屋宇。圖片正中為青山道，在與營盤街交界處（左中部）曾有九龍巴士車廠，所在現為「美居中心」。

1956年長沙灣

約 1956 年的長沙灣，左方為青山道及元州街。右中部可見深水埗軍營前東京街海灣的填海工程在進行中。

1965年長沙灣

約 1965 年的長沙灣。前中部為廉租屋苑元州邨（左）及幸福邨，中上方可見油麻地避風塘。

1950年代荔園遊樂場

1950 年代初的荔園遊樂場，其對開是荔枝角灣，其右方名為垃圾灣的醉酒灣海段，於 1960 年代中填平為葵涌的新填地段，左方為東京街的軍營區。

1985年荔園小艇

荔園遊樂場內機動遊戲的小艇，約 1985 年。

荔園博彩攤位

荔園內「拋硬幣獲香口膠」的博彩攤位，約 1985 年。

荔園大象天奴

帶給香港兒童無限歡樂荔園內的大象天奴，約 1980 年。天奴於 1989 年病死。

1974年宋城古裝街

位於荔園隔鄰，開幕於 1970 年代初的宋城，約攝於 1974 年。入場者仿如經過時光隧道，進入一千年前宋朝的汴京。圖中為當時的迎親隊伍。宋城與荔園遊樂場，同於 1997 年 3 月底結業，地段改建為住宅屋苑。

1960年泳場

由美孚油庫旁、荔枝角海灘道上，香港商業廣播電台前望荔枝角灣旁的東方泳場（棚）（右）、中青泳場（中）及華員泳場（左），約 1960 年。左中部為荔園遊樂場。

1970年美孚新邨

在三座泳場前的荔枝角灣「扒艇仔」的弄潮兒，約 1970 年。左方為由美孚油庫改建的多幢美孚新邨住宅樓宇，橫跨的荔枝角大橋為葵涌道的一部分，落成於 1968 年。現時，荔枝角灣已變成陸地，扒艇仔的情景不復見。

1969年荔枝角區

約 1969 年的荔枝角區，可見於一年前通車的葵涌道，旁邊為部分落成的美孚新邨，中右方仍見部分油庫，其背後可見垃圾焚化爐。中上方可見多座荔枝角道旁的船廠，由 1970 年代中，船廠逐步遷往包括將軍澳等地區。左上方可見蘇屋邨。

伊利沙伯皇后號

英國郵輪「伊利沙伯皇后號」，於 1971 年抵港，泊於荔枝角青衣與昂船洲之間，進行改作名為「海慧大學」的海上學府工程，可惜於 1972 年 1 月 9 日遭大火焚毀而翻沉。

6

九龍塘與何文田

1910 年代，有商人多次提議在九龍行駛電車，設計的路綫是由尖沙咀彌敦道經大埔道至荔枝角，轉入 1922 年闢成的太子道旁之九龍塘花園別墅區而抵九龍城，但被當局以行駛巴士較適宜而否決。

九龍塘的英式花園別墅區內，有多條以英式小鎮，如牛津、劍橋、蘭開夏等命名的街道，但當中有一條以何東爵士命名的何東道，以誌示他將一度「爛尾」的別墅建築計劃予以完成。

1910 年通車的九廣鐵路，沿途經過何文田及九龍塘。

1910 年代，當局在何文田與土瓜灣間的地段，闢建稱羅馬墳場的西人墳場。在馬頭涌道旁之「後背壟」（靠背壟）建華人墳場，以及在「大石鼓」（現農圃道及常盛街一帶）建一大石鼓印度人墳場；又在培正道旁建一回教墳場。

二戰和平後，當局將何文田的墳場他遷，將墳地及附近的地段重新發展。於 1954 年闢成培正道、治民街及楠道，經過發展及延長的楠道，於 1966 年易名為公主道，以紀念當年訪港英國瑪嘉烈公主，而何文田亦由墳墓區變成為高尚住宅區。至於早期為徙置區的治民村、信望村及何文田新區一帶，則於 1970 年代改建為愛民邨及何文田邨的公共房屋區。

1962年信望村平房區

何文田楠道（公主道）與培正道交界的信望村平房區，約 1962 年。所在現為常盛街公園一帶。

1968年公主道天橋

從亞皆老街望公主道天橋，約 1968 年。左中部為早期的豪宅翠華大廈。

1972年窩打老道

九龍塘窩打老道的別墅區，約 1972 年。右方為歌和老街，左方為浸會學院的大專會堂（浸會大學會堂），中左方為聯合道。

1925年瑪利諾修院學校

位於九龍塘何東道、火石道及窩打老道間，創辦於 1925 年的瑪利諾修院學校，約攝於 1965 年。鄰近有包括喇沙書院等多間名校。

1955年聖德肋撒教堂

約 1955 年的太子道(當時仍名為「英皇子道」)。左方為落成於 1932 年的聖德肋撒教堂。其右鄰於 1960 年代起有一咖啡屋，為影視及演藝界人士的聚會點，所在現為住宅大廈「碧廬」。

1952年太子道及現貌

由九龍城嘉林邊道前望英皇子道（太子道），約1952年。左中部可見聖德肋撒教堂。當時，不少電影在這一帶取景。

1951年中華電力總部

位於亞皆老街與窩打老道交界，落成於 1940 的中華電力總部，及其地標式的鐘樓，攝於 1951 年。淪陷時，因日軍「擴展機場」，九龍城的巴士總站就是設於鐘樓。現時，總部及鐘樓已成為「中電鐘樓文化館」，其左鄰的部分建築物已改建為豪宅。

1952年九龍塘別墅

九龍塘區內的部分別墅，約 1952 年。前方為窩打老道，右方為歌和老街。背後為白田及石峽尾的山段。

1967年獅子山隧道

1967 年，剛通車時的獅子山隧道。

1975年香港浸會書院

九龍塘聯合道旁的香港浸會書院，攝於 1975 年。該書院於 1994 年升格為大學。

1969年無綫及麗的電視台

廣播道上的無綫（左）及麗的（右，1982 年易名為亞洲）電視台，約 1969 年。前方為范信達道，當時一帶為新開發區域。現時，兩座電視台的舊址已建成住宅大廈。這一帶的地盤亦於稍後全部與建住宅大廈。

UNITED AIRLI
英國
空運
MSAS
MSAS
Good Harves
好收成

交通基建

Chapter 3

7

交通基建

九龍城與啟德機場

啟用於1931年的啟德機場於二戰後有飛躍的發展。和平後曾數度打算他遷，所選的地點包括新界的屏山、后海灣，市區的西九龍昂船洲和港島淺水灣，但最後仍決定原封不動。

早於戰前，英國曾有另建航空站（機場）的打算。

創刊於1872年的中文報章《華字日報》，1936年10月21日，刊有以下的報導：

英欲以西沙島為航空站，經向我當局提出要求。

英國政府近年對遠東航空採取積極政策，造成香港為遠東民航中心外，英國又欲以我國西沙島地，當港星航空路要衝，甚欲闢該島為航空站，使飛機經此，可以添裝燃料及於安全上有所需要，刻下經將此問題向我提出，惟我方意見為何，現尚未悉。

查西沙島在榆林縣之東南海，大小共十餘島，為我國疆域最高之地，島上有數千年之鳥糞層，並富海龜及玳瑁等海產，為我國海疆的主要區。

今英欲闢為航空站，惟該島現尚未經開闢，島上衹有若干漁民居住而已。據西人方面消息，關於開闢東沙島為航空站之舉，中英兩方政府，刻在磋商中，進行頗為順利云。

兩三年後，英政府刻意發展啟德機場為遠東主要的航空站。

淪陷時期的1943年，日軍為了擴建啟德機場，在包括九龍寨城的九龍城區以及馬頭涌區，進行大規模清拆，近七萬居民因而失去家園及遭遣返內地。多條街道包括宋街、帝街、昺街、珓杯石道、一德路、三德路、啟仁道及啟義道等，因而消失。著名古蹟只餘下建成於1847年的衙署，以及以其命名的衙前圍村。

同時，又夷平馬頭涌的聖山及宋王臺石，清拆山腳的譚公廟，又爆破侯王廟內的鵞字石。

和平後，這一帶為一大片山腳地台及爛石堆，1950年代才全被清除，闢作機場的一部分及宋皇臺公園。

1952年，當局決定擴充發展啟德機場，興建一條伸出九龍灣、長8350英尺的跑道，並於1958年9月12日落成。

機場原有的飛機升降部分，則於1960年代初發展為新蒲崗工業及住宅區，闢有包括彩虹道、爵祿街及大有街等的多條新街道。1960年代，啟德遊樂場、英華、麗宮、國寶、鑽石及亞洲的多間戲院，在彩虹道落成。

1950年代初，太子酒店設於太子道與亞皆老街交界，供旅客早一晚住宿，以免錯過登機時間，所在現為「家歡樓」。附近有多家包括百好及樓下的竹園以及西南等的著名酒家。真正的機場酒店，是開業於1970年代的富豪機場酒店（現富豪東方），曾建有一橫跨太子道、連接酒店與機場客運大樓的行人天橋。

1962年，機場客運大樓落成，本港的客貨運輸開始飛躍發展，客運大樓及貨運站亦不斷擴建，不時見到大批送機及接機人士與旅客拍集體照，尤其是在酒店餐廳旁登機處之石階級上，整天皆見簇擁的旅客及送機親友，熱情洋溢。

1930年蒲崗村及獅子山

九龍城蒲崗村的曾富花園，約 1930 年，背後清晰見到獅子山。圖中的屋宇由左至中為曾富別墅、曾豐堂及置有真武大帝銅像、廟宇式的五龍院，所在現為彩虹道及蒲崗村道一帶。真武大帝像現時置於灣仔石水渠街的玉虛宮。

1936年《華字日報》

獻呈當局、採取下列辦法、如建立英皇石像、分發加冕紀念之茶杯及茶點

都比 英國駐馬來亞陸軍司

英欲以西沙島爲航空站

經向我當局提出要求

英國政府近年對遠東航空採取積極政策、除發展民航、造成香港爲遠東民航之中心外、各情已迭見報載、記者頃又接得消息、英國方面、以我國西沙島地當港星航路要衝、甚欲闢該島爲航空站、使飛機經此、可以添裝燃料、及於安全上有所需要、刻下經將此問題向我提出、惟我方意見如何、現尚未悉、查西沙島在榆林縣之東南海、大小共十餘島、爲我國疆域最南之地、島中藏有數千年之鳥糞層、並富海參玳瑁等海產、爲我國海防之要區、今英欲闢爲航空站、惟該島現尚未經開闢、島中祇有若干漁民住居而已、據西人方面消息、關於闢西沙島爲航空站之事、中英兩方政府、刻在磋商中、進行情形順利云、

《英欲以西沙島為航空站》的新聞。1936 年 10 月 21 日，香港《華字日報》。

1953年啟德機場

約 1953 年，由飛鵝山望啟德機場。前中部的倒「丄」字兩條跑道，下方一條跑道的大片地段，於 1960 年代初，發展為工業及住宅區的新蒲崗。

1955年機場新跑道

正在填海闢建中之啟德機場新跑道，約 1955 年。中右方為宋王臺道以及其面向局部遭夷平，宋王臺石所在之聖山的「爛石堆」。左中部為「⊥」型跑道的一部分。左上方可見正進行填海的官塘（1950 年代易名觀塘）。

1965年九龍城區

由慈雲山一帶望九龍城區，約 1965 年。正中可見機場跑道及客運大樓。前方為慈雲山徙置區。右中部為老虎岩（樂富）及橫頭磡徙置區。

1965年啟德機場

從九龍寨城及衙前圍道（前及中部）望啟德機場，約 1965 年。可見新跑道及落成於 1962 年，建於龍津石橋上的客運大樓。

停機坪茶聚

約 1957 年的啟德，乘客正準備登上泛美航機，其背後為英國海外航空公司的航機，乘客及送機者可在停機坪茶聚。

1959年啟德停機坪

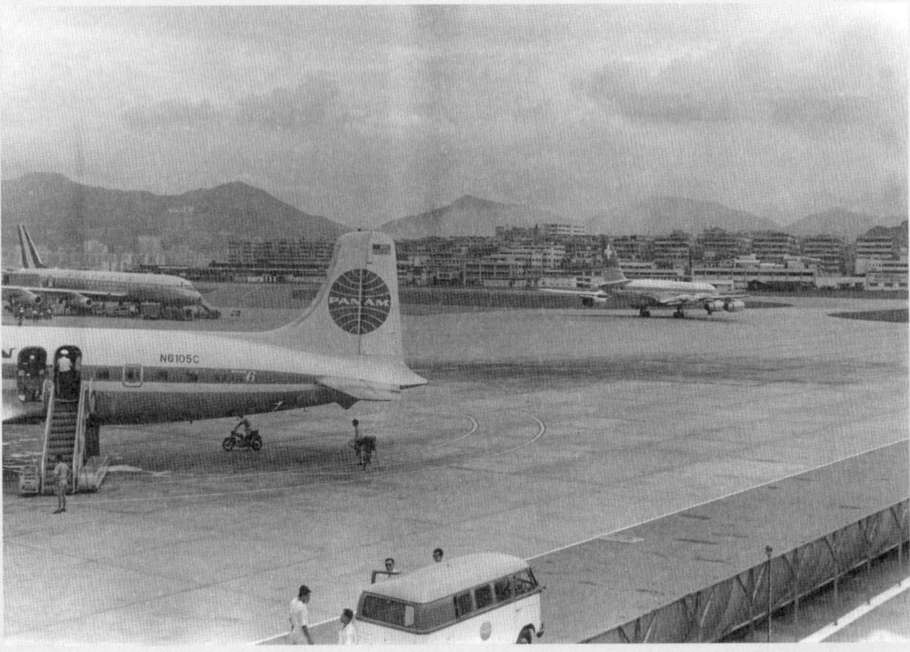

約 1959 年的啟德機場。乘客及送機者可在停機坪一帶行走。

1959年澳洲航機

同一年的啟德，乘客正在登上澳洲航機。

客運大樓瞭望台

機場客運大樓的瞭望台，約 1965 年，這一帶的地底是龍津石橋所在。

1968年啟德停機坪

約 1968 年的啟德。機場客運大樓仍未擴建，其右鄰位於圖片正中的一間小屋為空郵中心，其右方的一列樓宇為貨運站。客運大樓左方可見東頭一邨及二邨，右後方為慈雲山徙置區，現已經歷重建。

1969年啟德客運大樓和跑道

約 1969 年的啟德機場客運大樓和跑道，大廈即將進行擴建，因航空事業發展蓬勃，擴建工程不斷持續，迄至遷往赤鱲角為止。

1974年跑道擴建

約 1974 年的牛頭角及觀塘區，可見正進行延長工程的啟德機場跑道，以及進行填海的九龍灣。中右方為牛頭角下邨。

1985年啟德停機坪

約 1985 年的啟德機場，可見又再擴建客運大樓。中後方的九龍灣填海區已滿佈各式的新建築物，左上方為居屋麗晶花園及公屋啟業邨。

1974年啟德機場

約 1974 年的九龍城，中前方的客運大樓經已擴建，右下方的地盤將建富豪機場（現「東方」）酒店。三條天橋交匯點的右方，為打鼓嶺道交界的百好酒樓，這一帶樓宇最高者只為六、七層，要待 1998 年機場他遷後，才有高樓大廈。左上方位於宋皇臺道與北帝街之間的南洋兄弟煙草公司及天廚味精的廠房，於 2004 年改建為住宅屋苑傲雲峰。

1992年九龍城上空

家歡樓及亞皆老街

約 1992 年的九龍城區，可見一舊標誌的國泰航機，左中部為家歡樓及亞皆老街。

太子道行人隧道

九龍城太子道行人路上，可見即將降落的美國西北航空公司的貨機。

1950年太子道及亞皆老街

約 1950 年太子道（右）及亞皆老街之間，即將興建太子酒店，背後可見聖三一堂。左方馬頭涌道上為聖山殘址的爛石堆。宋皇臺道背後仍見土瓜灣新山道、落山道及馬坑涌山道一帶的石山。爛石堆範圍內的左邊，曾為宋街、帝街、昺街、青龍街及玟杯石道的所在。

約 1956 年，「機場酒店」太子酒店。1955 年，政府限制啟德機場附近樓宇的高度，所以太子酒店只有兩、三層高；1970 年代改建為家歡樓。

1956年太子酒店及現貌

1998年九龍城交通交匯處

九龍城交通交匯處，1998 年。正中的家歡樓內，設有由一位姓陳老闆開設的鹿苑海鮮酒家，其右鄰為老牌的西南酒家。

1964年九龍城交通交匯處及現貌

約 1964 年的九龍城交通交匯處。當時仍未有天橋，右下方有一條剛闢成，紀念東京世（奧）運聖火經港的世運道。左中部打鼓嶺道與太子道交界，於 1965 年落成的新樓將開有著名的百好酒樓。背後可見剛落成的彩虹邨廉租屋。

1969年九龍城

1969 年的九龍城。中前方為亞皆老街遊樂場，正中為世運公園，左方由太子酒店改建之家歡樓，左旁有「新華國貨」的是衙前塱道。中後方的龍崗道、城南道及打鼓嶺道的多幢樓宇間，有包括南方、西南及百好的著名酒樓。右上方的機場客運大樓即將擴建。（圖片由吳貴龍先生提供）

1969年土瓜灣及機場

1969 年的土瓜灣及機場。正中是馬頭角道的屠房，現為牛棚藝術村及書院，右方是煤氣廠。正中可見由左方的九龍城道至土瓜灣道，亦包括範圍內由龍圖道至鶴齡街（圖外）間的十二座樓宇。地段於 1924 年創立香港麻纜廠，1948 年改建為龐大的南洋紗廠，再約於 1960 年改建成這些無電梯設備的樓宇（統稱十三街），機場客運大樓即將擴建。（圖片由吳貴龍先生提供）

1992年宋皇臺道

約 1992 年的啟德，可見一架聯合航空飛機飛越宋皇臺道。

光怪陸離的九龍寨城

自1950年代起，九龍城的繁盛地段為太子道以及街市周遭的衙前圍道、侯王道、衙前塱道及城南道一帶，多間金舖及食肆在這一帶開設。街市背後的賈炳達道99號，有一間落成於1952年的李基醫局。周遭曾有一條打鐵街，成立於1880年的慈善團體樂善堂，早期是位於打鐵街32號，其附近為「尋幽搜秘勝地」的九龍寨城。

原屬中國管轄的九龍寨城，又被稱為城寨及城砦。

於和平後，九龍寨城區已成為「三不管」地帶，即中、英及香港政府皆管不着，雞（娼妓）、鴉（鴉片及毒品）、狗（狗肉）的檔口及架步林立。1953年，寨城內的龍津路已有脱衣舞及色情表演和電影的「戲院」十多間，名稱為龍門、龍華及龍鳳等，吸引到大批「好此道」的觀眾、嫖客、癮君子、狗肉客等來此「勝地」，當中不乏富商及金號老闆等。這等場所不時發生大火。

此外，九龍寨城亦有大批賭檔和名為「銀牌」的賭館。警方設有名為「龍城隊」編制的警員，進入寨城內巡邏；反之，不法份子亦廣佈線眼，設置「天文台」以窺探警隊的動態。一位退休高級警務人員告知筆者，當時警方不時與不法份子鬥智，維持治安。

寨城內時有鴉片吸毒者或「白粉道人」駕鶴升仙，屍體被棄置於西頭村木屋村公廁內，亦是由港府的「老鼠王」（市政事務署工人）負「執屍」之責。

「三不管」地帶內，偏佈無工務局批准的違章樓宇以及大廈，密密麻麻，在樓宇間穿梭如進入迷宮，交疊着違章接駁的電線仿如蜘蛛網，險象環生。寨城內外亦開有大量不容於市區的違規工廠，以及無牌的西醫及牙醫診所，尤其以面向美東邨的東頭邨道一帶，以及東正道上者為最多，可謂光怪陸離，污煙瘴氣。

1987年，中英兩國政府決定清拆九龍寨城，改建為九龍寨城公園，於1994年動工進行，1995年落成啟用。

近年，美東邨被拆卸重建，地盤上，可見以往之寨城名勝「白鶴山」。

長久以來，九龍城區一直受到連綿不絕的震耳欲聾飛機聲所滋擾，居民習已為常，在唐樓天台，伸手幾可觸及飛機的奇景，一直維持到1998年6月，機場遷往赤鱲角為止。

由東頭村道望九龍寨城，設於多座無規範之建築物的無牌西醫及牙醫診所，約 1985 年。中上方為「九龍城砦街坊福利會」。

1900年寨城南門

九龍寨城的南門，約 1900 年。可見數支廢置的大砲。

1905年寨城街道

寨城內的窄街及各行各業店舖，約 1905 年。

1915年九龍寨城

九龍寨城，約 1915 年。左方可見衙門範圍內的兩尊大炮，有不少乘坐人力車至此的遊客。

1918年九龍寨城衙門

位於九龍寨城正中，興建於 1847 年的衙門，約攝於 1918 年，衙門於淪陷期的大舉清拆行動中幸獲保存，背後為白鶴山，衙前圍道是以其命名的。

1925年衙前圍村

位於東光道及東隆道交界，又名慶有餘村的衙前圍村，約攝於 1925 年。可見「慶有餘」的扁額。此現改屬於黃大仙區，有四百多年歷史的圍村，現正進行重建。

1925年石板窄街

九龍寨城內之石板窄街，約1925年。右方為一綢緞布疋號。左方依次為巧麗彩儀（儀仗）店、全科中醫館、鼓樂花轎店及金器店。正中為大光油燭扎作店。

1927年寨城城牆

九龍寨城東門城牆內的屋宇，約 1927 年。中左上方可見啟德濱的屋宇，其旁將發展為機場。

1936年寨城城牆

九龍寨城內的城牆，約 1936 年。

1936年白鶴山

由慈雲山一帶望九龍灣，1936 年。左中部為啟德機場，正中為啟德濱，海面上有三數架水上飛機。右二為頂上有叮咚石的白鶴山。

1936年獅子石道

從太子道望向九龍寨城及白鶴山，約 1936 年。出殯隊伍正經過獅子石道。

1930年九龍寨城及現貌

約1930年由現賈炳達道望九龍寨城。可見橫亘於前中部以及左右兩邊向白鶴山頂延伸的城牆，位於山頂的是著名之叮咚石。寨城於淪陷時期遭受破壞。和平後，於山腰處開闢東頭村道。在圖片前方則有早期開闢的衙前圍道等的多條道路。

1983年九龍寨城

約 1983 年的九龍寨城。前方是賈炳達道公園，右方是東正道。正中是東頭村道的美東邨，其背後是白鶴山。山後是樂富徙置區，其後方是亦為徙置區的橫頭磡。兩個徙置區（新區）即將進行重建，而美東邨亦於近年拆卸重建。

1984年九龍城區

約 1984 年的九龍城區。正中為美東邨及九龍寨城，左下方為正清拆重建的東頭邨地盤，後中部可見衙前塱道的九龍城街市。

1985年九龍城區

九龍寨城(正中),約 1985 年。左方為東頭村道美東邨,右方為開闢中的賈炳達道公園;可見近公園之寨城範圍逐漸清析。

1985年東頭村道

約 1985 年九龍寨城前的東頭村道,九龍寨城的中部。可見樓上樓下滿佈無牌的西醫及牙醫診所。右方有運送食品包裹直往內地各處的雜貨店,當時為新興的行業。

東頭村道上，不合規格樓宇內的無牌牙醫及西醫，約 1975 年。

1985年無牌診所及現貌

由美東樓望東頭村道九龍寨城的診所及商號，約 1985 年。右方為寨城的「北門」區。

1975年九龍寨城

1975 年九龍寨城，因毗鄰啟德機場，時有飛機飛越半空。

1985年九龍寨城內窄巷

約 1985 年九龍寨城內的窄巷。可見龍津路旁的一家地產代理公司，龍津路的路牌是由「城砦街坊會」製造。上方可見私自接駁、雜亂無章的電線，險象環生。1950 年代，龍津路上有十多間上映色情電影及表演脫衣舞的「戲院」。

1992年即將清拆的九龍寨城

九龍寨城，1992 年，可見大量抗議布招。左方為西頭村道，右方為東頭村道。

東頭村道（右）及東正道（左）的九龍寨城樓宇，1992 年。面臨清拆，可見大量抗議及請願的橫額。

由賈炳達道公園（右）望即將清拆的九龍寨城，1992 年。整座寨城被改建為九龍寨城公園，公園於 1995 年 9 月落成。

1969年九龍城

1969 年的九龍城。正中橫亘的是衙前圍道，左方是衙前塱道，右方為侯王道，中心點的街市於 1988 年改建成設有街市的九龍城市政大廈。前方是面向九龍寨城的李基醫局。（圖片由吳貴龍先生提供）

1998年福佬村道

位於九龍城福佬村道，於戰後開業的國際戲院，攝於 1998 年。戲院已於 1995 年停業，於稍後改建為住宅樓宇成龍居。

2022年豪華餅店

位於衙前圍道與福佬村道的豪華餅店，2022 年 7 月。餅店於稍後結業，所在的樓宇亦拆卸。

2022年九龍城街市

衙前圍道（右）的九龍城街市，2022 年 7 月。左方是侯王道，這一帶連同街市的樓宇即將重建。

2022年衙前塱道

九龍城街市旁衙前塱道計劃重建的店舖，2022 年 7 月。

交通基建

馬頭涌 土瓜灣

緊貼九龍城的馬頭涌區，原宋王臺所在之聖山以及其旁的珓杯石道、宋王臺道，以及聖三一堂前方之粵東街及粵西街等，於日軍「擴建機場」而變成爛石堆殘址的範圍。

1950年代，當局予以清理，闢成宋皇臺公園。內置刻有「宋王臺」三字、原為宋王臺石的一小部分的石塊，公園於1959年12月揭幕，由當時開始，宋王臺的「王」，改書作「皇」。旁邊有世運道及世運公園，因東京世（奧）運聖火於1964年途經香港而命名。

宋皇臺道上有天廚味精廠、屈臣氏汽水廠，以及達豐紡織廠。位於北帝街的廣萬隆炮竹廠，連同附近的土瓜灣迄至紅磡區為工業區。1910年代計劃的九龍電車路線，部分路段是由九龍城經馬頭涌道、漆咸道、梳士巴利道而返回天星碼頭。

這一帶之廠房，規模較大的有位於馬頭角道，在原香港蔴纜廠地段上興建，並於1948年落成的南洋紗廠。再於1960年代初，被改建為現「十三街」兩旁的多座樓宇。其對面為馬頭角煤氣廠，始於1933年。另一座位於新碼頭街旁的煤氣廠，則於2007年改建為住宅樓宇翔龍灣。

其它著名的還有偉綸紗廠、三光布廠及益豐搪瓷廠等，益豐亦生產「金錢牌」熱水瓶。落成於1948年的偉綸紗廠，於1970年代末改展為住宅樓宇偉恒昌新邨。

為發展土瓜灣區，當局於1950至70年代不斷移山填海，若干座位於新山道、落山道及馬坑涌山的山崗被夷平。同時，亦大力發展由該區起迄至何文田山區一帶戰後仍為墳場的地段，逐漸演變為高尚住宅及公屋區。

由土瓜灣至紅磡之間，有青洲英坭、中華電力、庇利船廠以及黃埔船塢等大企業的廠房，該等廠房和船塢自1950年代後期起，逐漸改建為商業大廈及住宅樓宇，附有龐大商場及休憩設施，包括紅磡商業中心、海逸豪園及黃埔花園等。

1899年宋王臺

正中的籬笆於 1930 年代闢成界限街。界限的右方為九龍城區，左方為馬頭涌聖山及山上有宋王臺石。

1925年宋王臺石

宋王臺石，左方可見「宋臺」兩字，與「宋王臺」的寫法不同，約 1925 年。

1925年聖山

從馬頭角一帶宋皇臺道望聖山，約 1925 年。可見築有圍欄的宋王臺石以及旁邊的遊人。右下方為刻有中英文「此地禁止採石以保存宋王臺古蹟」的「禁採石碑」。

1905年心光盲人書院

位於聖山旁之珓杯石村與土瓜灣的地段上（約為現時宋皇臺道與木廠街一帶），興建於 1900 年的「心光盲人書院」，約攝於 1905 年。

1915年炮仗街

土瓜灣新山道與落山道一帶炮仗街上的村屋，約 1915 年。

1939年平民屋報導

緊急賑難會建築之

馬頭涌平民屋將落成

須查明確屬難民始准遷入居住

房價尚未規定聞每室約徵十元

華商總會籌賑會、昨日下午三時、舉行常委例會、到主席李星衢、曹爾臣、鄺子明、劉鑄芸、劉景清、歸錫卿、潘範菴、李塘坤、伍時普、黃茂林、黃豐舒、張瀾洲、盧國棉、容冠文、蘇朗俠、雷蔭蓀、等多人、由司理曹學愚報告去週收款數目、●救國公債六百九十五元、●捐款港幣五元、●一元逸債港幣五百七十五元零六仙、國幣三百零六元、又酒樓茶室等五行商會國幣五百元、陳麟芳國幣五十元、旋討論●第一區遊擊隊第五支隊函請援助物品案、議決俟有該區最高負責人證據、再行商討、●港僑隨軍服務團函告脫離港僑救護團、另行組織新隊、請求資助藥物案、議決暫緩討論、並函詢港僑救護團實開日前資助之衛生衣及藥物現作何用、●李漢魂主席電詢本港救濟難民情形、應如何答復案、議決去函各界賑聯會及緊急難民救濟會詢問救濟難民情形、回電報覆、最後黃茂林以緊急救濟會值理資格報告、謂緊急會負責救濟之難民、共約五千餘人、計粉嶺及茶坑之軍卡、收容一千餘人、京士柏難民營一千人、北角難民營八百人、馬頭涌難民營退伍士兵九百名、難民一千人、此外錦田之難民營有難民五千人、政府現擬轉交緊急會辦理、又緊急會日前籌建之平民屋、即將完竣、地點在馬頭涌聖三一教堂背面、共四十間、租值尚未規定、大約在十元以下、已開始報名、至於入室手續、甚爲簡單、但須經審查委員會審查確屬難民、始准遷入居住云、如有難民欲租賃者、可到華商總會報告、

1939 年 1 月《華字日報》報導馬頭涌平民屋將落成的新聞。馬頭涌難民營位於聖三一教堂背面，現為真善美邨廉租屋。其他難民營有位於京士柏、北角及錦田等地。

1997年亞皆老街遊樂場

1997 年(丁丑)，在馬頭涌道亞皆老街遊樂場舉辦的盂蘭勝會建醮場所，輪候平安米及物品的市民。

1925年土瓜灣

由馬頭角道南望土瓜灣，約 1925 年。右中部為九龍城道，中右方亦可見馬坑涌山及落山道與新山道一帶的石山，要到 1950 至 70 年代才全被夷平。

1950年代土瓜灣廠房

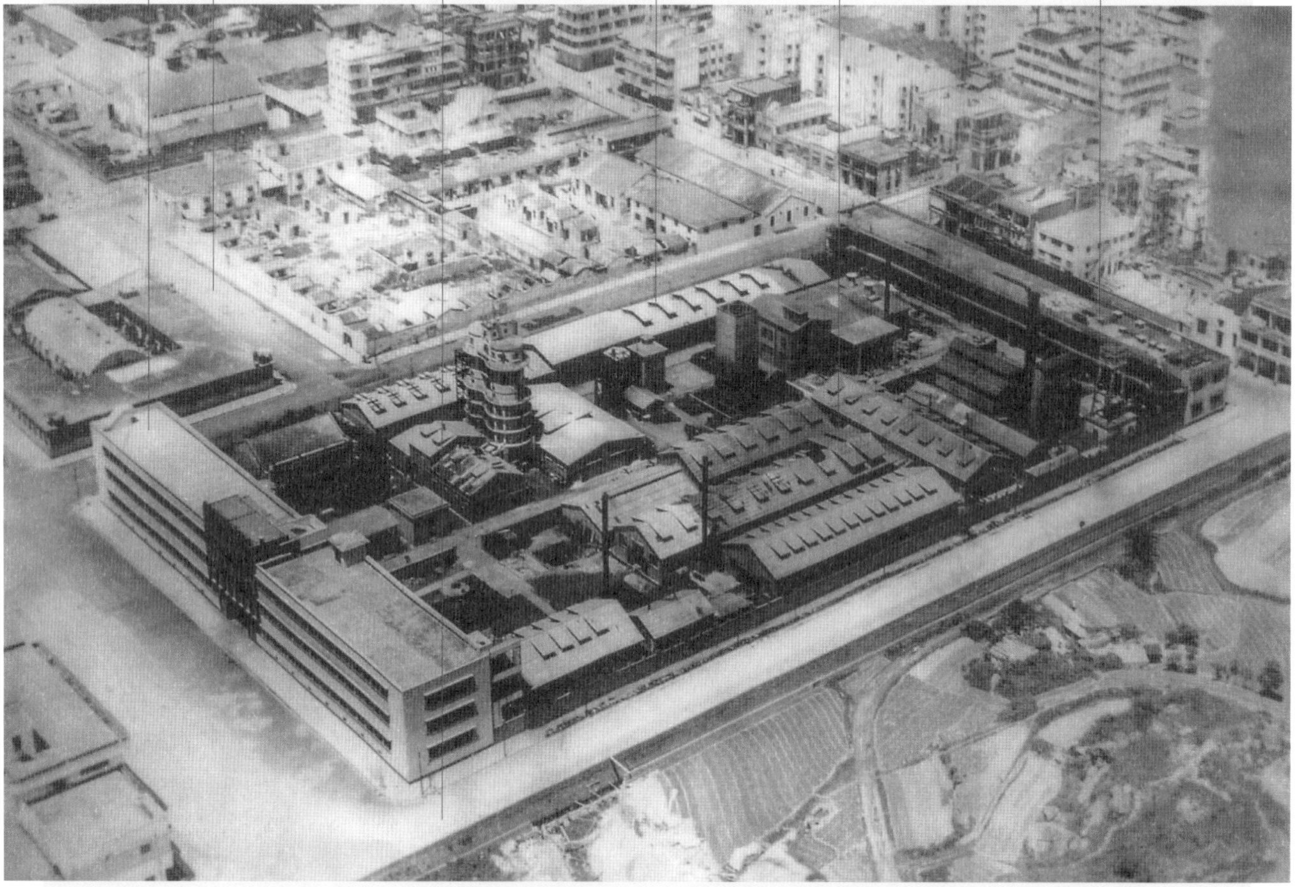

位於宋王臺道（左下）、北帝街（右前）、木廠街（右上）及九龍城道（左上）的天廚味精製造廠（北帝街72號）（右）及南洋兄弟煙草公司製煙廠（宋王臺道38號）（左）的廠房，約攝於1950年代。兩座廠房於2004年建成住宅屋苑傲雲峰及8度海逸酒店。（圖片由一位佚名貴客送贈）

1950年代天廚味精製造廠

天廚味精製造廠位於木廠街(左下)的門口,1950 年代。(圖片亦是由左圖的佚名貴客送贈)

1949年北帝街

土瓜灣北帝街與馬頭角道交界(右)的住宅樓宇,1949 年。左方是木廠街旁的天廚味精廠。

2008年九龍城道

由馬頭角道望九龍城道,2008 年。可見宋皇臺道的傲雲峰住宅高樓大廈,右方為「十三街」的樓宇。

1969年十三街

由土瓜灣道望馬頭角道，1969 年。中右方為「十三街」內，包括龍圖街至鶴齡街等的多幢樓宇。中左方為煤氣廠以及屠房（現為牛棚書院及藝術村），其背後是九龍城道；後方可見馬頭圍邨廉租屋宇。（圖片由吳貴龍先生提供）

1969年馬坑涌山

由馬頭角道望九龍城道，1969 年。左方的馬坑涌山後來被夷平，現為遊樂場及體育館，中後方可見與馬頭圍道交界的「夏巴（現寶馬）大廈」。（圖片由吳貴龍先生提供）

1969年北帝街

1969 年的土瓜灣區。正中是北帝街，左方的九龍城道可見馬坑涌山。中後方為夏巴大廈。右下方為新山道，其背後的樓宇大部分已被重建。（圖片由吳貴龍先生提供）

1969年北帝街

1969 年土瓜灣區另一景致。正中是北帝街，右中部是馬頭圍道和天光道。南風餐廳的右方是譚公道，前方是馬頭角道，左上方可見夏巴大廈。這一帶的土瓜灣街道，大部分闢成於 1926 年。（圖片由吳貴龍先生提供）

1969年馬頭圍道

1969 年土瓜灣。正中是馬頭圍道，右下方是新亞書院所在的農圃道，其前方的矮屋現已被改建為屋苑帝庭豪園；農圃道的背後是天光道（圖外）。左方可見北帝街，後中部為夏巴大廈。（圖片由吳貴龍先生提供）

1969年土瓜灣道

由紅磡機利士路一帶望土瓜灣，1969 年。左中部的三角地帶現為地下鐵路轄下地段，地段的背後是浙江街的唯一大廈。正中是土瓜灣道，左上方是下鄉道，左下方是漆咸道。背後可見「十三街」的樓宇及機場。右上方的部分煤氣廠及其前端的偉綸紗廠，現時分別為屋苑翔龍灣及偉恒昌新邨。（圖片由吳貴龍先生提供）

1968年新亞書院

土瓜灣農圃道的新亞書院，約 1968 年。一年後遷入沙田馬料水。

1968年新亞校園內

新亞書院校園另一景，約 1968 年。所在現為農圃道官立小學。

1973年珠江戲院

位於馬頭圍道（大路）與譚公道交界的珠江戲院，約 1973 年。所在現為住宅大廈海悅豪庭。

馬頭圍邨洋葵樓

位於馬頭圍邨洋葵樓的一間「麥記」，提供中秋花燈及「陰宅」居民享用的祭品。約 2006 年。

2006年八層高樓宇群

土瓜灣道（右）與馬頭角道間的八層高樓宇群，2006 年。這些無電梯唐樓是於 1960 年代初由工廠改建而成的。樓下有一間馳名的白宮冰室。右後方是由部分煤氣廠改建，位於新碼頭道旁的翔龍灣屋苑。

1970年海心公園

土瓜灣海心公園的湖心亭，約 1970 年。左方有著名的魚尾石。

紅磡變身
交通樞紐

1924年，政府增設「港口發展局」，將與尖沙咀九廣鐵路鄰近之紅磡，發展為與內地粵漢鐵路接軌之運輸港口，以及服務內地的商業重心。又計劃在紅磡移山填海，興建碼頭及貨倉，可是，此計劃卻因1925年的省港大罷工等種種不利影響而胎死腹中。

迄至1960年代初，紅磡仍被視作郊區。1963年，工展會首次在紅磡新填地舉辦，才引起市民的注意，不少港島居民初次踏足紅磡，之前只是在乘火車時經過，驚鴻一瞥。

工展會場所在的新填地現為紅隧出入口，其旁有於1957年由港島灣仔區遷至的香港工業專門學校，並於1994年升格為香港理工大學。學校旁的漆咸道上，有一座「永別亭」，於1960年代中易名為「紅磡公眾殯儀廳」。

為興建海底隧道，位於尖沙咀與油麻地之間，多條包括加士居道漆咸道等的道路有翻天覆地的變化。

1972年8月，紅磡海底隧道通車。1975年九廣鐵路總站亦由尖沙咀遷至此，俟後，紅磡旋即成為與灣仔互相輝映的交通要衝。

1947年漆咸道

1947 年的紅磡，由佛光街望漆咸道。左方為平治街、蕪湖街及寶其利街，背後電台天線所在現為理工大學。右方的山段現時建有首利及僑偉等大廈。

1957年戲棚

位於紅磡蕪湖街與馬頭圍道交界的一座戲棚，約 1957 年，背景（左中）可見又名觀音山的聖德山，當時正上演「大好彩劇團」的大戲（粵劇）。

1969 年的紅磡。右上方可見現為歐化傢俬所在蔚景樓前身的樂都戲院，其對上為山谷邨廉租屋。正中的街道是曲街，其右方是寶其利街及蕪湖街，左方是必嘉街。正中橫亘的是機利士南路。（圖片由吳貴龍先生提供）

1969年機利士南路

由紅磡南道望正中的機利士南路，1969 年。正中可見與必嘉街交界雲慶酒樓的招牌，左方是溫思勞街。左前方的空地現為協記貨倉所在。左上方為漆咸道及佛光街（天橋）。右上方可見家維邨廉租屋。（圖片由吳貴龍先生提供）

由差館里望機利士南路，1969 年。正中可見與必嘉街交界雲慶酒樓的招牌。上中部為暢行道與暢通道一帶的第一代渡輪碼頭。碼頭於 1980 年代拆卸，而左方將進行填海。（圖片由吳貴龍先生提供）

1969年漆咸道北

1969 年的紅磡。由左至右依次為燕湖街、寶其利街、曲街及必嘉街，前方橫亘的是漆咸道北，漆咸道北的地段上現時已建有多座樓宇，而圖中的若干座舊樓亦已重建。（圖片由吳貴龍先生提供）

1970年漆咸道

紅磡漆咸道與加士居道交界，約 1970 年。迄至 1960 年代後期，這裏曾有一座「永別亭」，稍後易名為「紅磡公眾殯儀廳」，隨着紅隧道路的興建而消失。左方的地段現為理工大學的大樓，正中為公主道天橋。

1970年伊利沙伯醫院

位於何文田的伊利沙伯醫院，約 1970 年。此落成於 1963 年的醫院陸續擴建。

1963年紅磡新填地

約 1963 年的紅磡新填地，可見初在此舉辦的工展會，海底隧道的出入口及新九廣鐵路總站稍後在此興建。

1963年紅磡工展會場

約 1963 年，紅磡工展會場內，虎標永安堂攤位，蓋搭了一座與位於虎豹別墅花園內外型相同的白色虎塔。

1964年加士居道

紅磡加士居道與楠道（右下）交界，約 1964 年。楠道於 1966 擴建為公主道，而這一帶的加士居道與漆咸道亦因紅磡海底隧道的興建而有翻天覆地的變化。左方為香港工專即現時理工大學。

1975年紅隧出入口

紅磡海底隧道的出入口，約 1975 年。右方的尖沙咀東部填海地段上，將陸續興建科學館及歷史博物館等多座建築物。

1977年紅磡漆咸道

紅磡漆咸道與康莊道間的交通迴旋處，約 1977 年。左中部可見香港工專的新建築。圖片正中部分將於稍後興建香港歷史博物館及香港科學館。

1980年紅隧交通天橋網

紅磡漆咸道北（左中）以及公主道（前）和康莊道的紅隧交通天橋網，約 1980 年。中右方為香港工專的建築群。

1985年暢運道一帶

由紅磡南道望暢運道一帶的建築物，包括右方的協記貨倉及殯儀館，約 1985 年。這區的海面稍後被填平，現時有半島豪庭以及理工大學香港專上學院等建築物。

1985年暢運道一帶

由紅磡南道望暢運道一帶的九廣鐵路總站，以及香港體育館（左），約 1985 年。右方為來往中環的天星小輪碼頭。

1985年紅磡碼頭

位於暢運道的天星小輪紅磡碼頭，約 1985 年。

1920年黃埔船塢

約 1920 年的紅磡黃埔船塢，左方為大環山。

1930年船塢辦公室

黃埔船塢的總辦公室，約 1930 年。

1925年黃埔船塢全景

黃埔船塢全景，約 1925 年。可見大環山及兩艘待修的大洋船。右上方為中華電力廠，其上端為土瓜灣的填海地段。上述三處地段現時已變為住宅屋苑區。圖片正中的大環山於 1950 年代初起，陸續被夷平。

1925年船塢主塢

紅磡黃埔船塢的主塢及待修的軍艦，約 1925 年。位置為現時黃埔花園船景街第六期船型建築物「黃埔號」所在。

1928年黃埔船塢英軍

在黃埔船塢即將離港的英軍，1928 年。這批到港增援的英軍是應對 1925 年的「省港大罷工」，以及內地的北伐者。

1934年黃埔船塢

1934 年的黃埔船塢及待修的英軍艦克侖威爾號（Cornwall）。

1930年大環山海面

在大環山海面泳場暢泳的市民，約 1930 年。左方為中華電力公司的廠房。這一帶現為分別為大環山游泳池、大環山公園以及住宅屋苑海逸豪園。

1900年青洲英坭廠

土瓜灣馬頭圍道、青洲街及鶴園街一帶的青洲英坭廠，約 1900 年。這一帶於 1960 年代改建為青堡大廈及多座工業大廈，亦有國華戲院。戲院及青堡大廈等多座樓宇，於 1990 年代改建為紅磡商業中心等新型樓宇。

1921年青洲英坭廠

由大環山望青洲英坭廠的廠房，1921 年。右中部為又名海心島的土瓜灣島。中右上方可見局部已被夷平、位於落山道與新山道一帶的若干座小山。山下的土瓜灣區仍為鄉村。形如土瓜的海心島，於 1960 年代初已與陸地相連。

民生居住

Chapter 4

11

民生居住

牛池灣與黃大仙

1948年，當局曾打算將九龍城區及啟德機場改作商業區，九龍灣為風景區，並將機場遷往港島的淺水灣。

又計劃夷平九龍城侯王廟鄰近包括白鶴山等山丘，將嘉林邊道延長至牛池灣，冀使其成為位處啟德新商業區及九龍灣風景區的「彌敦道」，但計劃只是空中樓閣，終無實施。不過，位處侯王廟一帶包括延文禮山等的若干座山丘，則於1952年起陸續被夷平，將泥石用作填建啟德機場伸出九龍灣的新跑道。

曾計劃為九龍灣風景區的牛池灣，其迄至牛頭角一帶的海灣，則早於1947年已進行填海，稍後開闢官（觀）塘道。1960年代初，公屋彩虹邨在牛池灣清水灣道口落成。其鄰近斧山道旁邊，有上元嶺、下元嶺寮屋區及大磡村，所在現為星河明居、荷里活廣場、公屋啟鑽苑和居屋啟翔苑等建築。1950年代，有巴士5及9號以及12及14號，分別由尖沙咀及油麻地碼頭至牛池灣。大磡村內有一以「擔擔麵」馳名的詠藜園，現已遷往鳳德道。其鄰近玉器珠寶行是多間連鎖珠寶金行的鼻祖。

鄰近的黃大仙區，名稱是源於1921年興建的嗇色園赤松仙館，於1925年易名為「赤松黃大仙祠」。此香火鼎盛的廟宇，曾經歷多次擴建和重修，現時宏偉的宮殿式建築，落成於1973年。

黃大仙祠旁為竹園區，其對上為「新九龍牛奶房」，於1959年開闢為鳳凰新村，區內的鳳德道曾有「十方大佛寺」，所在現時為消防局及救護站。其下端的沙田坳道旁曾有歷史悠久的竹園鄉，所在一帶現時有若干座小食店舖和攤檔。

附近斧山道的鑽石山地段，曾有永華及大觀等製片廠的片場，永華片場曾由電影懋業公司及嘉禾公司擁有，現為斧山道瓊東街的嘉峰台住宅大廈。

由這一帶可直上建成於1960年代中的慈雲山徙置區。雖然是徙置區樓宇，卻有清新的空氣和寬廣的景觀，可是，筆者亦「偶然」親眼見到刀光劍影的真實「追斬」情景，唯有「企定定」，以免殃及池魚。1980年代，慈雲徙置區重建為現代化的新型屋邨，名稱亦由以往的「徙置區」、「新區」改稱為「乙類公屋」。

1960年代初，位於牛池灣現代化及設有郵局的彩虹邨廉租屋，為市區舊木唐樓板間房或床位住客夢寐以求的安樂窩。1970年代，彩虹邨對開的天橋腳及橫樑和石柱，滿佈「九龍皇帝」曾灶財的「御筆」親題墨寶，供一眾「臣民」仰望，最多瞻望機會的，相信非彩虹邨及坪石邨居民莫屬。

於彩虹邨龍池徑地鐵站旁的「牛池灣鄉」，仍維持古樸的鄉村風味，不少區外市民在村內的茶室和食店大快朵頤，亦購買水果和土特產等。因位處往清水灣及西貢的各線車站旁，周日及假期人流特多。

彩虹邨附近的鑽石山區，於1950年代初，有不少來自內地的新移民在此定居，被稱為「新大陸」。著名建築為宮殿式的志蓮淨苑，其旁有一名為「鳳凰溪」的大溪流，溪旁有一名為「華清池」的泳池。旅客多乘巴士在黃大仙或元嶺或牛池灣站下車，步行前往。

這一帶的地段現時闢有志蓮淨苑的「南蓮園池」。

1925年飛鵝山

從現新蒲崗一帶望飛鵝山，約 1925 年。山腳為牛池灣一帶的村落。

1953年飛鵝山及啟德及現貌

由宋皇臺道一帶遠望飛鵝山及啟德，約 1953 年。正中跑道的盡頭處，為牛池灣一帶及現新蒲崗的所在。圖片的右下方即將興建伸出九龍灣的新跑道。飛機工程公司廠房的左方，為太子道及裁判署（現譽港灣樓宇）的所在。

1954年牛池灣一帶及現貌

牛池灣及啟德機場一帶，1954 年。右方的道路為太子道與觀塘道。正中的跑道現為新蒲崗的爵祿(「着陸」之意)街，中前方可見始於 1947 年的牛池灣迄至觀塘之間的填海工程正進行中，所在現為啟晴邨及德朗邨一帶。

1964年彩虹邨

約 1964 年的牛池灣彩虹邨廉租屋宇，左中部的碧海樓及金碧樓前方的軍營地段所在，現為采頤花園及啟晴邨。左上方為鑽石山的斧山道以及上元嶺、下元嶺，現時為志蓮淨苑的南蓮園池及荷里活廣場一帶。

1980年代牛池灣

1980 年代的牛池灣區。右中部為彩虹交匯處，左中部為往沙田的繞道，左中部的軍營稍後興建屋苑啟晴邨。

1965年啟德遊樂場

位於新蒲崗彩虹道、開業於 1965 年的啟德遊樂場，攝於開業時。啟德亦如荔園般為兒童的歡樂園地，但規模較細，其附近為工業區。1982 年，遊樂場結束後，改為彩虹道遊樂場。

1974年牛池灣及九龍城區

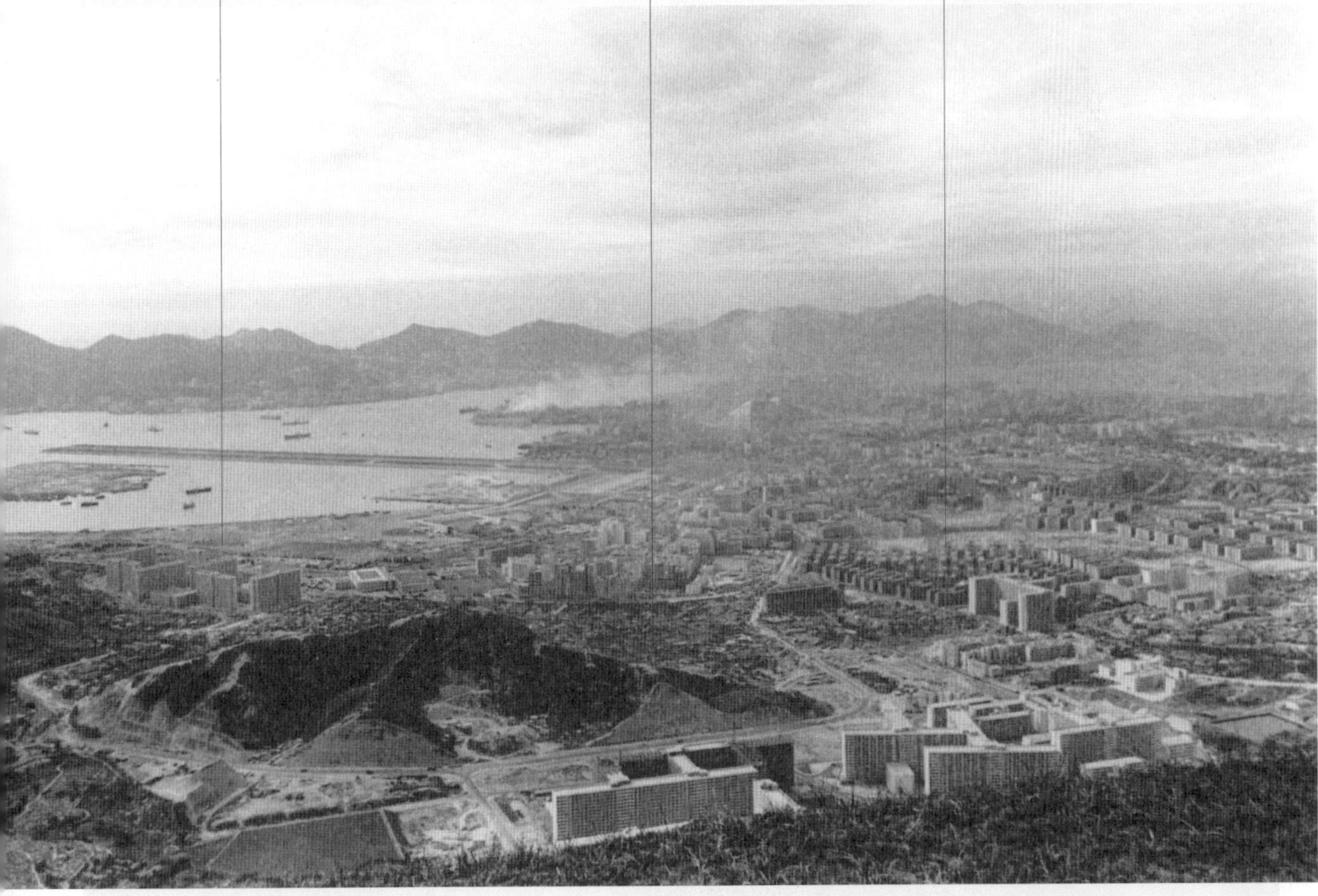

由飛鵝山向下望牛池灣及九龍城區，約 1974 年。左中部彩虹邨對開的九龍灣正進行填海，正中為上、下元嶺及大磡村一帶，中右方為老虎岩（同年改名為「樂富」）及橫頭磡新區的徙置大廈。

1968年寮屋區

位於獅子山下接近橫頭磡的寮屋區，約 1968 年。背景為黃大仙一帶之徙置大廈。

1995年詠藜園

位於鑽石山大磡村的四川詠藜園擔擔麵店及輪候的食客，約 1995 年。這一帶現時為荷李活廣場及星河明居屋苑。

1966年金國戲院

位於老虎岩(樂富)聯合道與杏林街交界，開業於 1966 年的金國戲院，約攝於同年。戲院於 1970 年代初結業改建為住宅大廈。1950 年代，戲院附近的聯合道(1950 年代初仍名為「侯王廟道」)上，曾有兩三座包括長城及自由等製片廠的片場。

1965年獅子山

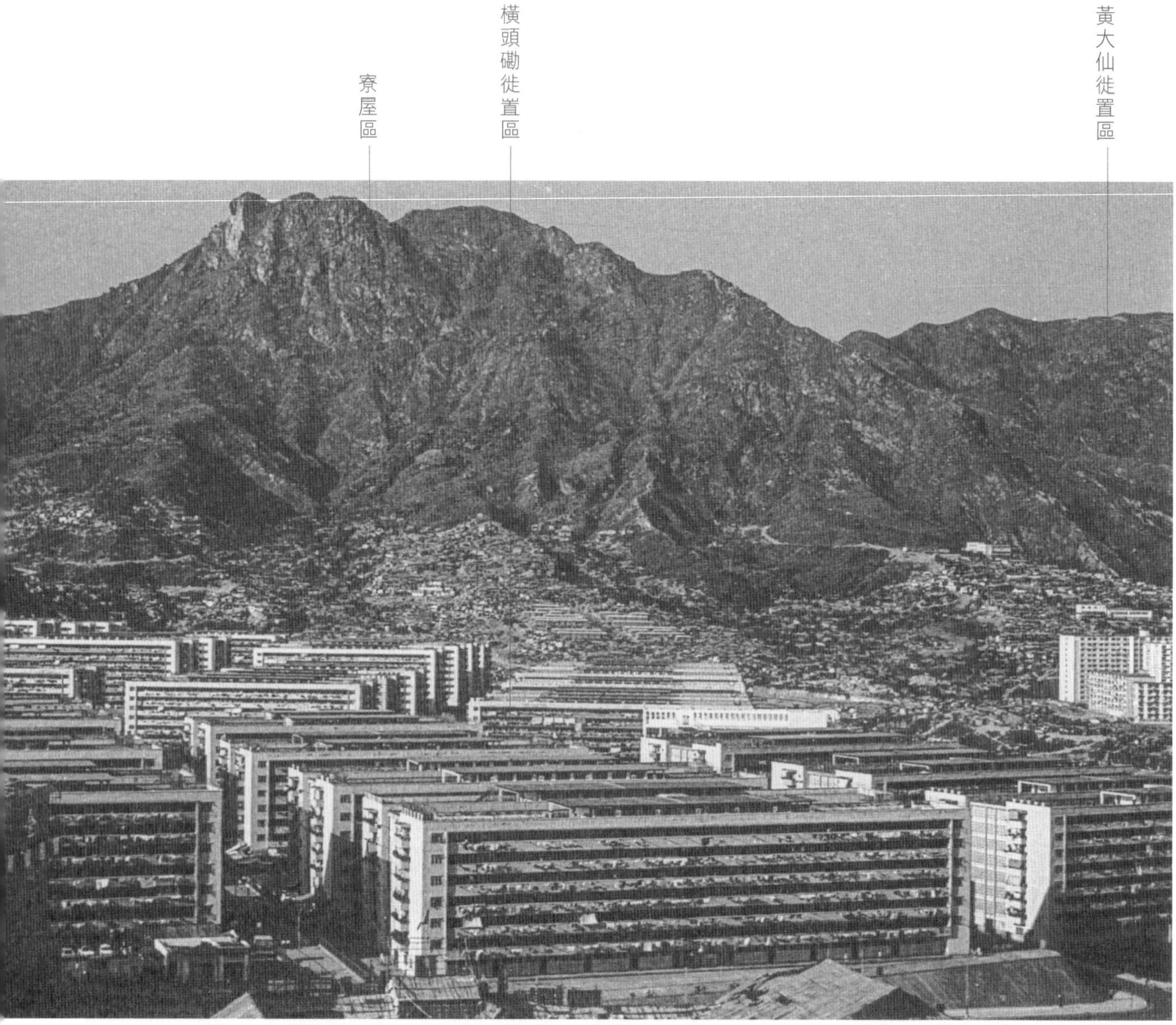

獅子山，又名虎頭嶺，因此，其山下有地區名為老虎岩（1974 年易名為樂富）。圖中可見山下密麻麻的寮屋。圖片前方為橫頭磡徙置區，右方為黃大仙徙置區，約 1965 年。

1975年黃大仙祠

赤松黃大仙祠的大殿，約 1975 年。中上方可見沙田坳道沙田坳邨廉租屋。

1980年龍翔道

約 1980 年的黃大仙區。前方龍翔道兩旁的徙置大廈稍後重建，正中為黃大仙祠。中上方的鳳德道右方的地盤即將興建紀律部隊宿舍、救護站及新光中心，兩者之間有一古舊的竹園鄉。右上方為大磡村及上、下元嶺，左上方為慈雲山邨。

1970年橫頭磡及樂富

由鳳舞街望橫頭磡（右）及樂富（左）徙置區，約 1970 年，後中部為啟德機場。

1970年橫頭磡及樂富

老虎岩（樂富）及橫頭磡徙置區（新區）的徙置大廈（乙類公屋），約 1970 年。前方為聯合道及杏林街。數十年來，這區有翻天覆地的變化，徙置屋宇亦改建為新型大廈式樓房，令人有煥然一新的感覺。

1975年H型徙置大廈

橫頭磡及樂富徙置區的另一景，約1975年。前方可見一座五層高的H型徙置大廈。

1985年橫頭磡

橫頭磡新區，約1985年，右下方為富茂街街市，前方為聯合道。

12

民生居住

牛頭角工業改建住宅

早期，前往牛頭角是沿牛池灣現彩虹交匯處的「牛頭角道」前往，到了1950年代初，可經剛闢成的官（觀）塘道。要到1950年代初，才有一條由深水埗海壇街至牛頭角的2號A巴士路線，交通很不方便。

1960年代初，官塘道對出的沿海地段為皇家空軍的軍事地帶，以及密集的修船、拆船廠和各類大大小小的廠房。規模最大的是位於牛頭角道、於1924年由廈門遷至的淘化大同醬油食品廠，其龐大的廠房於1930年代才全部落成。

1950年代初，牛頭角區有一名為復華村的平房徙置區，當局在劃定的地段上供市民自力建設屋宇和商店。1953年石硤尾區大火後，部分災民被徙往牛頭角於山腰建成的多列平民屋。

稍後，在佐敦谷振華道旁，復華村附近建成多幢七層高的H型徙置大廈。

1967年，位於牛頭角道的十多層高新型徙置大廈入伙，可容納大量住客，是很多人有美好回憶的牛頭角上、下邨，惟於2004至2011年先後被清拆，住客獲配遷往附近的新型大廈。

1960年代初，部分淘化大同的廠房及曬黃豆的地段，改建為住宅大廈，以及落成於1961年的「淘大工業邨」工廠大廈。其餘廠房於1981年開始，陸續建成名為淘大花園的多幢住宅樓宇。

2016年6月，淘大工業邨廠廈發生致命大火，稍後被拆卸重建為新型樓宇。

至於由牛池灣至牛頭角觀塘道對出之船廠及不同業務的廠房，於1973年被遷拆，並於其前端填海以闢九龍灣工商業新發展區，連同部分軍事地段，建成包括啟業邨、麗晶花園、德朗邨等公共及私人屋苑。又在此興建港鐵車廠以及德福花園住宅大廈。

1980年牛池灣

約 1980 年的牛池灣。右上方為啟德機場，前方原軍營地段已有若干座大小建築物，左下方為向晴軒，左上方為建築中、於一年後落成的公屋啟業邨。右中部地段即將興建居屋麗晶花園。

位於觀塘道海傍的船廠及工業區，1964 年。左方可見正在由外國船隻改裝為港澳渡輪的「澳門號」。右中部為位於牛頭角道的廠廈「淘大工業村」，落成於 1961 年，於 2016 年遭遇大火，現時正被改建為新廈。1973 年，牛頭角海面的九龍灣進行大規模填海，大部分船廠被遷往將軍澳。（圖片由呂偉忠先生提供）

2006年淘大工業村

2006 年的淘大工業村，2016 年被大火焚毀，現正在重建為新大廈。其左鄰為得寶花園住宅樓宇。

1964年觀塘道

淘化大同醬油罐頭廠，
現淘大花園

佐敦谷徙置大廈
後改為牛頭角下邨

牛頭角觀塘道的財利船廠，1964 年。右方為佐敦谷新區的七層高徙置大廈，曾於 1960 年代後期重建為牛頭角下邨，再於 2004 年起陸續重建。正中為 1924 年起由廈門遷港之淘化大同醬油罐頭廠的廠房，其龐大之廠房地段於 1980 年代初改建為淘大花園樓宇群。

2009年牛頭角下邨及現貌

牛頭角下邨，於 2009 年 8 月面臨清拆前。

當時牛頭角下邨正舉辦街坊盂蘭勝會。現為東九文化中心所在。

2009年興記茶餐廳

牛頭角下邨內的老牌興記茶餐廳，攝於 2009 年。

2009年下邨內檔口

牛頭角下邨內的臭豆腐檔口及顧客，2009 年。流動小販檔是不少人那些年的屋邨回憶。

13

民生居住

觀塘的闢建與重建

1954 年 8 月，當局在牛頭角佐敦谷對出，迄至茶果嶺，一座原被稱為「垃圾灣」(淪陷時期被稱為「塵芥灣」) 的海灣進行填海，以開闢官塘新工業及住宅區。

迄至 1957 年 2 月，當局公佈牛頭角區 (實為官塘) 由官塘道直出至海邊處，包括物華街、裕民坊、輔仁街、鴻圖道、開源道、牛頭角道直至海濱的多條新街道的名稱，並招標承建各新道路。稍後，公開拍賣多幅工商業用地。首批地價為每呎港幣 $20。

1960 年代初，官塘填海及平整工程完成，在宏大的區域內，有多座廠房、商業中心，以及包括月華街等多條街道上的住宅樓宇。1962 年，政府合署、多家銀行、商店及食肆開始營運，當時的市中心為裕民坊、協和街及輔仁街一帶，亦有銀都及寶聲戲院和多間金舖，還有位於裕民坊龐大的天然茶樓。

1964 年，官塘新市的開闢大功告成，同年，名稱由官塘改為觀塘。

1960 年，香港房屋協會在觀塘興建的「花園大廈」廉租屋宇入伙，因用牡丹、玫瑰等作為樓宇的命名，居民稱其為「花樓」。1980 年代後期，花樓被改建為「玉蓮台」的新廈。

房協於花樓毗鄰，另一批以燕子及喜鵲等命名的廉租屋宇落成，被稱為「雀仔樓」，兩者皆為市民提供理想的家園。現時，雀仔樓亦有計劃重建。

此外，政府亦於翠屏道興建多種 H 型的徙置大廈，又在附近的將軍澳道及鯉魚門道興建廉租屋宇。兩者皆已被重建為新型大廈，分別易名為翠屏南、北邨以及鯉安苑。

1960 至 70 年代，大部分居民在區內的中華漆廠、唯一水壺廠、建生實業廠、九龍麵粉廠、鱷魚恤及南洋紗廠等多間廠房工作，他們利用遍設的飲食及娛樂場，使觀塘成為自給自足的新市鎮。

1979 年 10 月通車的地下鐵路，首段路程是由石硤尾至觀塘。

2007 年，當局在觀塘市區着手進行大規模重建，範圍包括月華街、同仁街、裕民坊、輔仁街、物華街、協和街及觀塘道等。大部分樓宇被拆卸，重建名為「裕民坊」的商場，以及「凱滙」住宅樓宇，於 2021 年開始入伙。

1930年垃圾灣

紅磡大環山游泳場，約 1930 年。後中部的海段被稱為「垃圾灣」，1950 年代進行填海開闢觀塘新市。

1958年填海中的觀塘

約 1958 年的新機場跑道，中右方可見正在進行填海的觀塘。

1961年觀塘全景

約 1961 年的觀塘全景，後方橫亘的是觀塘道，左上方是剛落成的「花園大廈」，右上方是翠屏道觀塘新區，上中部可見同仁街及裕民坊的新大樓及政府合署的地盤。圖片前端可見海濱道的公眾碼頭以及開源道與偉業街之間的交通交匯處，兩旁正陸續興建廠廈。右下方為茶果嶺的蜆殼公司油庫，於 1990 年代初改建為麗港城住宅屋苑。

1970年觀塘工業區

約 1970 年的觀塘工業區，可見全部落成的廠廈。中部為交通交匯處及公眾碼頭，左方為蜆殼公司油庫。港島的中左方為太古船塢（現太古城），以及剛落成的太安樓住宅大廈。

花園大廈

香港房屋協會於 1950 年代末在觀塘牛頭角道興建的廉租屋「花園大廈」，因用花卉及雀鳥作為樓宇的名稱，居民稱其為「花樓」及「雀仔樓」。位於最右方的部分花樓，正在重建為新廉租屋玉蓮台。

2007年「雀仔樓」

香港房屋協會觀塘廉租屋花園大廈「雀仔樓」的孔雀樓，2007 年。左方為喜鵲樓。

1975年協和街與觀塘道交界

約 1975 年的觀塘。正中為協和街與觀塘道交界的交通迴旋處，左中部為月華街的多幢大廈，中後方為觀塘翠屏道的新區。左下方可見裕民坊以及同仁街的政府合署，這一帶現時已變天成為「凱滙」為主的新型住宅及商場休憩區。

2007年政府合署

位於協和街（右）與觀塘道交界的觀塘政府合署（正中）2007 年。左方可見 aPM 的建築。

2010年裕民坊及現貌

由觀塘地鐵站及同仁街政府合署望右端的裕民坊，2010年。左邊為 aPM 建築前的觀塘道。右方為寶聲戲院，其背後為當時的巴士總站。現時，裕民坊的樓宇及政府合署均已被拆卸。

銀都戲院及現貌

觀塘裕民坊與輔仁街交界，開業於 1963 年的銀都戲院，2010 年。稍後，戲院連同樓下的渣打銀行，以及背後的滙豐銀行一同被拆卸，並建為「凱滙」住宅屋苑和「裕民坊」商場，於 2020 年起落成。

輔仁街及銀都戲院

裕民坊第一代商住大樓　　銀都戲院

由觀塘仁愛圍巴士小巴總站前端望輔仁街及銀都戲院，2010 年。正中為裕民坊的第一代商住大樓。

康寧道

裕民坊第一代商住大樓

由觀塘同仁街政府合署望裕民坊，2010 年。正中為康寧道，右方為設有景福酒家及大快活餐廳的寶聲戲院，左方為第一代的商住大樓，於 1960 年代曾開有天然大茶樓。

同仁街及現貌

由康寧道望裕民坊，2010 年。正中為同仁街政府合署及郵政局。左方為滙豐、渣打銀行及輔仁街的銀都戲院。

物華街望康寧道

由物華街望康寧道，2010 年。正中為滙豐銀行及其右邊的裕民坊。現時，由左方至滙豐的樓宇已改建為住宅大廈，「凱滙」及「裕民坊」商場。

仁愛園街市

由輔仁街上端望仁愛園街市一帶，2010 年。右下方為巴士總站。

銀都戲院及輔仁街

由裕民坊望銀都戲院及輔仁街，2010 年。右方為仁愛園，押店的背後是仁信里及物華街。

觀塘物華街(左)及輔仁街(右)的攤販市集，2010 年。市集的後方為仁信里，「鷄記」招牌的背後是仁愛圍。市集範圍現時是巴士總站的巴士出入口。

物華街及現貌

由協和街望物華街，2010 年。正中為輔仁街及仁信里的攤販市集。現時，左方的樓宇已被改建為住宅屋苑「凱滙」。

觀塘巴士總站

由輔仁街（前及右方）望觀塘巴士總站，2010 年。左方為仁愛圍。

1972年觀塘瑞和街

1972 年，「清潔香港」運動期間的觀塘瑞和街，這市集的街道被標誌為「垃圾街」。

將軍澳與調景嶺灣

早期名為船艇灣或垃圾灣（Junk Bay，與觀塘前身的海灣同名）的將軍澳，是「九龍分區」內的第三約。範圍內有將軍澳村、坑口鎮及調景嶺村等。而其毗鄰之鯉魚門則劃入「新九龍」範圍。

早於十九世紀調景嶺村已有「吊頸灣」海灣，稍後依次易名為照鏡環、照鏡灣及調景嶺灣。

1905年，一位加拿大籍人士連尼氏（Alfred Herbert Rennie），在調景嶺吊頸灣旁開設一家規模龐大的「香港磨麵有限公司」的麵粉廠（Rennie's Mill），惟於1908年倒閉，連尼氏用繩繫頸，跳海自盡。因此，調景嶺的英文名稱迄至1990年代為Rennie's Mill Village，但吊頸灣的名稱則早已有之，與連尼氏無關。

1911至1960年代，包括照鏡環的將軍澳海灣是游泳勝地，有電船以至小輪來往筲箕灣至調景嶺及坑口。

1950年，港府將約七千名被安置於東華三院轄下之西環一別亭、摩星嶺及大口環一帶的內地難民，當中包括不少為原國民黨軍人，調遷往調景嶺。此情況一直維持至1990年代，調景嶺大舉發展為止。1953年，一艘美國軍艦「新澤西」號，因重量太大「食水太深」，不能進入維多利亞港海而停泊於將軍澳，油蔴地小輪船載客前往參觀，將軍澳的名稱才為市民所熟知。

1961年，當局把將軍澳列為永久拆船區及修船區，由當時起迄至1970年代，大量這類行業由港九各區移往將軍澳。

1970年代，有五千村民的大村莊坑口，出產大量農作物和牲畜。坑口附近有一佛頭洲（或稱佛堂洲）島，上有清代設立的税關（海關）遺址。1990年代填海後，與坑口連接，部分成為工業用地。

1984年，發展將軍澳正式動工，使將軍澳成為可容納數十萬人居住的新市鎮，在將軍澳灣填海，開闢包括環保大道等多條新道路和隧道。在古關卡一帶開闢工業邨，內有電視廣播城及新鮮食品中心等，大量原本的船廠及鐵工廠海段及地段改建為住宅樓宇。

2002年，地下鐵線伸至將軍澳，將軍澳站的車輛交匯處一帶為將軍澳的中心點。

1915年將軍澳

Lyemoon Pass, Eastern entrance to the harbour. Hongkong.
463

由九龍城一帶望九龍灣，約 1915 年。正中為鯉魚門，帆船背後山段之後方為將軍澳之吊頸灣，當時已改名為照鏡環及調景嶺灣。

1985年三家村和避風塘

三家村和避風塘，約 1985 年。右方為鯉魚門村，亦見海鮮酒家麇集的鯉魚門海傍道。右上方為連接將軍澳，又名魔鬼山的炮台山。早期，有渡輪碼頭設於右下方，1990 年代已遷往圖左崇信街。

1935年鯉魚門村

由港島現杏花邨（前）一帶，望鯉魚門村及其背後的炮台山和照鏡環山，右後方為將軍澳海。約 1935 年。

位於將軍澳坑口上端的井欄樹村，1950 年。這裏被名為小夏威夷，不少市民在此暢泳。（圖片由梁紹桔先生提供）

1975年調景嶺

約 1975 年的調景嶺。調景嶺灣旁亦有若干座工廠大樓。

1977年調景嶺

約 1977 年的將軍澳調景嶺。中右方有一渡輪碼頭，左方是又名照鏡環的調景嶺灣，可見右方的工廠大樓。

1988年調景嶺

1988 年調景嶺。左中部的紹榮鋼鐵廠於 2000 年起，被改建成住宅屋苑維景灣畔。
（圖片由何其鋭先生提供）

調景嶺填海區

1988 年的調景嶺，這一帶即將進行移山填海，開闢新市鎮的工程。（圖片由何其鋭先生提供）

將軍澳填海區

由調景嶺望將軍澳的填海區，1988 年，所在約為現時的工業邨及日出康城一帶。（圖片由何其鋭先生提供）

調景嶺郵局的郵戳

直至 1990 年代中，調景嶺郵局的郵戳，英文名稱仍為 Rennie's Mill Village（連尼磨麵廠村），稍後才改為 Tiu Keng Leng。

參考資料

《華字日華》

《星島日報》

《華僑日報》編印《香港年鑑 1947—1993》

鳴謝

何其鋭先生

吳貴龍先生

陳創楚先生

黃照培先生

梁紹桔先生

呂偉忠先生

張西門先生

香港大學圖書館

舊地標消失，新地標誕生，

九龍半島面目一新，日趨繁盛。